DIJON 1898

LE

CONGRÈS INTERNATIONAL

DES SOURDS-MUETS

PAR

J. CHAZAL

AGEN

IMPRIMERIE ET LITHOGRAPHIE AGENAISES

1899

LE

CONGRÈS DE DIJON

DIJON 1898

LE

CONGRÈS INTERNATIONAL DES SOURDS-MUETS

PAR

J. CHAZAL

AGEN

IMPRIMERIE ET LITHOGRAPHIE AGENAISES

1899

LE CONGRÈS DE DIJON

LE COMITÉ DE PRÉPARATION

Une Exposition Universelle devant avoir lieu à Dijon en 1897, les sourds-muets de la Bourgogne décidèrent de mettre à profit cette circonstance pour convier les sourds-muets du monde à un Congrès international où ils pourraient discuter certaines questions qui touchent à leurs intérêts les plus chers.

Pour préparer ce Congrès, un Comité, composé de MM. E. Vuillemey, président; A. Brost, secrétaire; A. Seguenot, E. Jovin et M. Gerling, fut constitué à Dijon sous le patronage de la *Société des Sourds-Muets de la Bourgogne*.

Mais l'ouverture de l'Exposition ayant été retardée pour différents motifs, le Congrès dut également être ajourné à une date ultérieure et ce fut la *Société des Sourds-Muets de la Bourgogne* qui, dans sa séance du 28 novembre 1897, décida à l'unanimité que le Congrès international aurait lieu les 27, 28 et 29 août 1898.

Cette date définitivement arrêtée, le Comité se mit à l'œuvre : après avoir fixé les grandes lignes du Congrès, il en offrit la présidence d'honneur à M. Edme Piot, sénateur, et sollicita le concours de M. le capitaine Vautrin, interprète des sourds muets de la Bourgogne, qui accueillirent favorablement la demande qui leur était faite.

Pendant que le Comité dijonnais agissait, M. Boquin, l'âme de tout ce qui se fait chez les sourds-muets bourguignons, écrivait à M. Dusuzeau pour lui offrir la présidence effective du Congrès, et à M. H. Jeanvoine pour lui demander s'il consentirait à en être le secrétaire. M. Dusuzeau répondit simplement : « Veuillez dire à mes chers frères dijonnais « que je les remercie de tout mon cœur de leur gracieuse « offre que j'accepte avec plaisir. » Quant à M. Jeanvoine, surchargé d'occupations, il dut à son grand regret décliner l'offre qui lui était faite. M. Boquin offrit alors le secrétariat du Congrès à M. J. Chazal qui, après avoir consulté ses amis de Paris, répondit par une acceptation pure et simple.

De son côté, M. Brost, secrétaire du Comité dijonnais, faisait des démarches auprès de la municipalité pour obtenir une salle appropriée aux besoins du Congrès ; l'administration mit à sa disposition la salle Flore dépendant de l'Hôtel de Ville et assez vaste pour contenir trois cents personnes. M. Brost écrivit alors aux secrétaires-généraux des différentes compagnies de chemins de fer pour obtenir des billets à demi-tarif à l'usage des personnes qui voudraient se rendre à Dijon afin de prendre part aux travaux du Congrès. Les demandes de l'actif secrétaire du Comité furent favorablement accueillies. Des billets valables du 20 août au 5 septembre et comportant des réductions de 50 0/0 furent mis à sa disposition sous réserve d'en justifier l'emploi.

Mais l'argent aurait infailliblement manqué pour mener à bien l'œuvre entreprise par les sourds-muets de la Bourgogne, c'est alors que MM. Brost, Seguenot, Gerling et Jovin firent circuler des listes de souscription parmi leurs confrères et amis entendants-parlants. Le résultat de cette tentative fut assez satisfaisant. Ils eurent alors l'idée d'ouvrir une souscription nationale parmi tous les sourds-muets de France ; mais, réflexion faite, ils abandonnèrent ce projet comme trop aléatoire et adressèrent à la municipalité dijonnaise une demande de subvention ainsi que le démontre l'extrait suivant d'une délibération du Conseil municipal de Dijon :

Le citoyen maire donne lecture de la lettre suivante :

Dijon, le 12 mai 1898.

Monsieur le Maire,

Messieurs les membres du Conseil Municipal,

Nous avons l'honneur de vous informer qu'à l'occasion de l'exposition universelle de Dijon, les sourds-muets dijonnais, réunis en commission d'initiative, ont décidé de tenir un grand Congrès international des sourds-muets des deux sexes, les 27, 28, 29 août, sous le patronnage de la *Société des Sourds-Muets de la Bourgogne*, pour délibérer sur diverses questions intéressant notre monde silencieux.

Seulement, malgré toute notre bonne volonté, nous ne pouvons parvenir à réaliser la somme nécessaire à régler les frais que nécessitera notre Congrès.

Nous venons donc, M. le maire, vous prier de bien vouloir présenter au Conseil Municipal de Dijon une demande de subvention en notre nom, afin d'aider dans la mesure du possible à notre relèvement social.

Dans l'espoir que vous accueillerez favorablement notre requète, nous sommes, monsieur le maire, vos bien dévoués.

> E. Vuillemey, *président du Comité*; Albert Brost, *secrétaire général*, rue Parmentier. n° 1 *bis* ; A. Seguenot; M. Gerlind; E. Jovin.

Cette demande est renvoyée aux commissions de l'instruction et des finances.

L'accueil fait à leur demande de subvention encouragea les membres du Comité à redoubler d'efforts ; à l'exemple de

M. Vuillemey, leur président, qui adressait des lettres pres-santes à tous ses anciens camarades de l'école de Besançon, Seguenot, Gerling et Jovin rivalisaient de zèle pour attirer le plus grand nombre possible d'adhérents au Congrès qui, ainsi préparé, s'annonçait fort bien.

Le Congrès promettait d'être d'autant mieux réussi que M. Brost, secrétaire du Comité de préparation, se multipliait de plus en plus et adressait lettres sur lettres aux principaux sourds-muets de France et de l'étranger d'où arrivaient les adhésions de MM. W. Gilby, Franck Hodgkins, Duncaster et Lauries Sounos, pour l'Angleterre; de MM. A. de Buren, H. Morganti et Salzgeber, pour la Suisse, etc., etc. Par contre MM. H. Toulouse, de Strasbourg; Watzieliek, d'Allemagne; Francesco Micheloni, de Rome, et F. Guerra, de Naples, s'excusèrent de ne pouvoir répondre comme ils l'auraient voulu à l'invitation qui leur était adressée.

M. l'abbé Rieffel, auquel les sourds-muets ne s'adressent jamais en vain, avait naturellement été prié de prêter son concours et il avait simplement répondu : « Vous connaissez toute mon affection pour les sourds-muets ; je serai donc très heureux d'assister au Congrès qui aura lieu les 27 et 28 août et de dire la messe pour que Dieu répande ses lu-mières et ses bénédictions sur les sourds-muets. »

Ainsi assuré de tous ces précieux concours, le Comité di-jonnais jugea le moment favorable au lancement des invi-tations officielles pour le Congrès qui avait déjà été annoncé par le *Messager de l'abbé de l'Epée*, le *Journal des sourds-muets* et le *Sourd-Muet Illustré*; il envoya donc dans toutes les directions cinq cents exemplaires de la cir-culaire suivante :

Dijon, le 25 juin 1898.

MADAME,

MONSIEUR,

Nous avons l'honneur de vous annoncer qu'à l'occasion de l'Exposition universelle de Dijon, le Comité des sourds-muets dijonnais a décidé de tenir — sous le patronage de la *Société des Sourds-Muets de la Bourgogne* — un congrès international pour délibérer sur diverses questions intéressant le monde silencieux.

Voici les principales questions qui seront à examiner :

1° De l'instruction du sourd-muet ; 2° Que faut-il préférer de la méthode orale, mimique ou mixte ? 3° Des sociétés de secours mutuels de sourds-muets ; 4° De la Fédération des sociétés de sourds-muets de France.

Le Congrès sera placé sous la présidence d'honneur de M. Edme Piot, sénateur, chevalier de la Légion d'honneur et la présidence effective de M. Ernest Dusuzeau, président de l'*Association amicale des Sourds-Muets de France*, assisté de M. J. Chazal, secrétaire de l'*Union française des Sourds-Muets*.

L'ouverture du Congrès aura lieu le samedi 27 août à 9 heures du matin, dans une salle de l'Hôtel-de-Ville.

Les séances auront lieu aux heures qui seront fixées ultérieurement.

Le dimanche 28 août, à 11 heures, messe à l'église Sainte-Bénigne. — Sermon dit par M. l'abbé Rieffel, missionnaire des sourds-muets. — Ensuite visite à la statue de l'abbé de l'Épée, déposée au musée de la ville.

A 4 heures, réunion des sourds-muets au restaurant Padiolleau (place d'Armes), pour payer les souscriptions.

A 6 heures précises, grand banquet sous la présidence d'honneur de M. Edme Piot, sénateur, chevalier de la Légion d'honneur, et sous celle effective de M. Dusuzeau, le capitaine Vautrin, interprète.

Le prix de la souscription est de 6 francs. Cette somme pourra être envoyée à M. Alfred Brost, rue Parmentier, 1, à Dijon.

A l'issue du banquet, soirée de famille.

La journée du lundi est consacrée à la visite de la ville et de l'Exposition. Une réduction de 50 % est accordée aux membres du Congrès. S'il y a nécessité, de nouvelles séances auront lieu.

Dans l'espoir que vous voudrez bien vous joindre à nous pour travailler à l'amélioration de notre sort, nous vous prions d'agréer, Madame et Monsieur, avec nos respectueuses salutations, l'assurance de notre vif dévouement à la cause de l'abbé de l'Épée.

E. VUILLEMEY,   A. BROST,
Président du Comité.   *Secrétaire.*

Commissaires :

A. SEGUENOT, E. JOVIN, M. GERLING.

Jusqu'alors tout avait marché à souhait, aussi le Comité dijonnais attendait-il avec impatience le résultat des cinq cents invitations qu'il venait de lancer aux quatre coins du monde. Mais le résultat se fit attendre et, comme toujours en pareilles circonstances, les adhésions n'arrivèrent que petit à petit et avec une certaine lenteur, ce qui inquiétait quelque peu le Comité dijonnais.

Sur ces entrefaites M. Boquin fit savoir que M. Dusuzeau, revenant sur sa décision première, manifestait l'intention de renoncer à la présidence du Congrès si l'on ne changeait pas le secrétaire. En même temps le Comité recevait coup sur coup différentes lettres de Paris où l'on protestait contre la nomination de M. Chazal au secrétariat du Congrès.

Le Comité dijonnais se réunit et, aussitôt après avoir délibéré longuement, décida que l'on inviterait M. Chazal à fournir à M. Dusuzeau des explications sur la conduite qu'il comptait tenir à Dijon, ou qu'on le prierait de donner sa démission.

Ce fut M. Brost, secrétaire du Comité, qui fit connaître cette décision à M. Chazal. Celui-ci répondit que M. Dusuzeau ne lui ayant rien demandé, il n'avait aucune explication à fournir; qu'autrement il se serait empressé de se mettre à la disposition du président de l'*Association*, ce qui aurait peut-être tout terminé à la satisfaction générale, et, que n'ayant pas sollicité le Secrétariat du Congrès, il ne lui en coûtait nullement de l'abandonner. En même temps, M. Chazal faisait parvenir à M. Dusuzeau une lettre d'une amère ironie qui a été reproduite d'autre part.

Quelques jours après, le Secrétaire du Comité répondait à M. Chazal qu'il ne s'agissait pas de se retirer ainsi, tout de suite, et il le conjurait, dans l'intérêt du Congrès, d'avoir une entrevue avec M. Dusuzeau afin d'arriver à une entente. Pour n'avoir rien à se reprocher dans cette singulière affaire, M. Chazal écrivit alors à M. Dusuzeau que, la nouvelle lettre de M. Brost annulant toutes les précédentes, il se mettait à sa disposition pour tel jour et telle heure qu'il lui conviendrait de choisir ; à cela M. Dusuzeau, répondit : « Je vous prie de me laisser tranquille. »

Cette réponse peu parlementaire fut transmise immédiatement à Dijon où le Comité, après en avoir pris connaissance, déclara qu'il avait le regret de constater que M. Dusuzeau, malgré ses dires, n'était pas partisan de l'union puisqu'il repoussait tout entrevue. En conséquence, le Comité décida à l'unanimité de se passer de M. Dusuzeau et de maintenir M. Chazal comme secrétaire du Congrès.

La décision du Comité dijonnais fut portée à la connaissance des membres de l'*Union française des Sourds-Muets* dans leur réunion du 23 juillet ; en même temps elle était adressée au président de l'*Alliance silencieuse* qui en donna lecture à son banquet du 24 juillet. Cela excita au plus haut point la mauvaise humeur de ces messieurs, ils le firent voir de différentes manières : notamment à ce même banquet de juillet et dans le *Journal des Sourds-Muets* dont la direction avait pris une part des plus actives à la campagne menée contre M. Chazal. Plus que jamais les sourds-muets de Dijon persistèrent dans leur résolution et refusèrent d'obtempérer aux injonctions des Graff, des Dusuzeau et des Gaillard qui, avec Cochefer, ont la ridicule prétention de vouloir imposer leurs volontés aux sourds-muets de France.

Néanmoins, M. Boquin avait conservé l'espoir de réconcilier tout le monde. Dans ce but il vint passer huit jours à Paris pendant lesquels il fit démarches sur démarches. La suprême tentative de M. Boquin était d'autant plus louable qu'il est presque aveugle et qu'il ne peut faire un pas dehors sans l'aide de Mᵐᵉ Boquin dont le dévouement envers son mari mérite les plus grands éloges. Aussi les sourds-muets parisiens firent-ils le meilleur accueil à M. et Mᵐᵉ Boquin que les sourds-muets bourguignons confondent dans un même sentiment de reconnaissance et d'admiration. Seul M. Dusuzeau, pourtant prévenu à l'avance, ne daigna pas les recevoir. M. Boquin, constatant que toute tentative de conciliation était inutile à Paris, repartit pour Dijon où le Comité avait besoin de lui afin d'arrêter les dernières dispositions à prendre en vue du Congrès.

Le Comité dijonnais, tout en maintenant sa résolution au sujet du secrétariat du Congrès, avait bien auguré du voyage de M. et Mᵐᵉ Boquin, à Paris ; il fut donc quelque peu déçu de son résultat négatif. Néanmoins il en prit d'autant plus aisément son parti que de nouvelles adhésions lui étaient parvenues, pendant que se déroulait l'incident Dusuzeau-Chazal.

D'ailleurs, vers cette même époque, les sourds-muets bourguignons eurent une déception qui leur fut autrement sensible. En effet, le Président du Comité leur communiqua la lettre qui suit :

Montbard, le 22 juillet 1898.

MONSIEUR LE PRÉSIDENT,

A la date du 10 janvier dernier, vous'm'avez fait remettre une lettre, par l'entremise de M. Boquin, dans laquelle vous me demandiez d'être l'interprète de votre Comité au banquet du Congrès projeté, pour le courant du mois d'août prochain.

Cette lettre m'a été remise le 21 janvier ; et, le 31 du même mois je vous ai répondu que, si je n'avais pas d'empêchement, je me ferais un plaisir d'être avec vous dans cette circonstance.

Aujourd'hui, j'ai le regret de vous annoncer qu'il ne me sera pas possible d'être avec vous le 28 août prochain, car il y aura le même jour à Montbard, une grande cérémonie patriotique à laquelle je dois assister, non seulement comme spectateur, mais comme organisateur.

Depuis plusieurs années, en ma qualité de délégué du *Souvenir Français*, je poursuis l'œuvre d'ériger un monument au cimetière de Montbard, sur les restes du général Junot, duc d'Abrantès.

Ce monument est terminé et la cérémonie d'inauguration aura lieu le dimanche 28 août sous la Présidence de Monsieur le Ministre de la guerre. C'est Monsieur le Ministre, lui-même, qui a choisi cette date et il n'est pas possible de la modifier.

Veuillez donc agréer tous mes regrets de ne pouvoir, ce jour-là, vous donner une nouvelle preuve de toute ma sympathie.

Monsieur le Préfet, les généraux de Dijon, et les sénateurs et les députés de la Côte-d'Or étant invités, je crois que vous ne pouvez pas trop compter sur la présence de M. le sénateur Piot à votre banquet, à moins que vous ne lui ayiez annoncé par lettre spéciale la date du banquet et qu'il vous ait répondu.

Veuillez agréer, Monsieur le Président, l'assurance de mes sentiments bien affectueusement dévoués.

VAUTRIN,

Capitaine, délégué du *Souvenir Français*, interprète perpétuel de la *Société des Sourds-Muets de la Bourgogne*.

Le Comité s'adressa alors à M. Blesseau, un ami de M. Bo-
quin qui, connaissant le langage mimique, pouvait parfaite-
ment servir d'interprète ; mais il ne fut pas plus heureux de
ce côté et huit jours après une nouvelle lettre annonçait au
Comité que M. le sénateur Piot ne pourrait se rendre à
Dijon le 28 août, ayant promis de se trouver ce jour-là à
Montbard. Une fois encore laissons la parole à M. le capitaine
Vautrin :

Montbard, le 29 juillet 1898.

MONSIEUR LE PRÉSIDENT,

J'ai l'honneur de vous faire connaître qu'hier je me suis rencontré chez Monsieur Hugot avec Monsieur le sénateur Piot.

J'ai communiqué à Monsieur Piot la lettre que vous m'avez écrite
à la date du 27 juillet courant et Monsieur Piot m'a répondu : qu'à
une époque déjà ancienne, les sourds-muets lui ont offert la présidence d'honneur du banquet du Congrès et qu'il s'est empressé de
répondre qu'il acceptait cette présidence.

Mais qu'il ne s'est jamais considéré lié par un engagement pour
le 28 août, et que pour ce motif il a promis d'assister, ledit jour,
à la cérémonie patriotique de Montbard, avec tous les sénateurs et
tous les députés de la Côte-d'Or.

Monsieur Piot, ainsi que moi, regrettons vivement ce fâcheux
contre-temps qui nous privera, l'un et l'autre, de donner à nos
amis les sourds-muets, un nouveau témoignage de notre affectueuse
sympathie.

Monsieur le Ministre de la guerre viendra à Montbard, le 28 août,
présider la cérémonie d'inauguration ; c'est lui-même qui a choisi
cette date, et notre place est toute marquée à ses côtés, comme
elle est également celle des notabilités du département à qui j'ai
envoyé des lettres d'invitation.

Comme les années précédentes, Monsieur Piot et moi, nous nous
ferons un plaisir d'assister à la réunion annuelle de novembre, si
rien, d'ici-là, n'y apporte un empêchement absolu.

Veuillez agréer, Monsieur le Président, pour vous et pour les membres du Comité, l'expression de notre sincère affection.

VAUTRIN,

Capitaine, Délégué du Souvenir Français, Interprète perpétuel de la Société des Sourds-Muets de la Bourgogne.

Il aurait peut-être été possible d'éviter cette fâcheuse coïncidence, mais c'était trop tard pour revenir sur les décisions prises et tout à fait impossible de renvoyer même à huit jours l'ouverture du Congrès; le Comité dût donc à son grand regret passer outre et terminer ses derniers préparatifs.

Au commencement d'août, cent vingt adhésions fermes étaient arrivées au Comité; ce chiffre était considérable si l'on songe aux difficultés qu'il avait fallu surmonter, difficultés dûes en grande partie au mauvais vouloir de certains parisiens et surtout à l'attitude équivoque du *Journal des Sourds-Muets,* qui devint absolument hostile lorsque le Comité eut définitivement décidé de se passer du concours par trop intéressé de son Directeur.

MM. Boquin, Vuillemey et Brost pouvaient donc à bon droit être fiers de leur œuvre et certainement leur bonheur eut été parfait si M. le sénateur Piot et M. le capitaine Vautrin avaient pu venir à Dijon assister au triomphe de leurs amis les sourds-muets de la Bourgogne.

Justement les journaux bourguignons publiaient dans leur partie officielle une délibération du conseil municipal de Dijon accordant 200 francs de subvention au Comité du Congrès des sourds-muets.

Voici du reste un extrait du bulletin municipal officiel de la ville de Dijon :

Le citoyen Roland, en l'absence du citoyen Marpaux, au nom de la commission des finances.

CITOYENS,

Par une lettre en date du 12 mai dernier, les sourds-muets dijonnais demandent au conseil municipal une subvention pour leur aider à organiser, sous le patronnage de la *Société des Sourds-Muets de la Bourgogne*, un grand Congrès international des sourds-muets des deux sexes, qui se tiendrait à Dijon les 27, 28 et 29 août prochain, pour délibérer sur diverses questions intéressant l'amélioration du sort de ces malheureux déshérités.

Après examen de cette demande, votre commission des finances vous propose d'allouer une subvention de 100 francs au Comité chargé de l'organisation du Congrès dont il s'agit, et d'ouvrir à cet effet un crédit de pareille somme au budget additionnel de l'exercice courant.

Le citoyen Jacquot propose une subvention de 200 francs.

L'amendement du citoyen Jacquot est adopté et les conclusions du rapport de la commission, ainsi amendées, sont acceptées.

Au nom des sourds-muets de France, nous remercions vivement la municipalité dijonnaise de sa générosité qui a permis au Comité du Congrès de faire face à tous ses engagements et d'atteindre le but poursuivi pendant près de deux ans.

Maintenant, en réponse à un envoi de M. Vuillemey voici le lettre que M. le sénateur Piot lui fit parvenir quelques jours avant l'ouverture du Congrès :

Saint-Mandé, le 16 août 1898.

MONSIEUR LE PRÉSIDENT,

Je suis très touché de l'idée délicate et charmante qui a présidé à la gravure du menu, que vous avez eu la bonté de m'envoyer. Je vous en remercie très vivement et vous prie de présenter mes remerciements à l'auteur d'une si flatteuse pensée.

J'aurais été très heureux d'assister à votre fraternel banquet du 28 ; mais mon devoir de conseiller général m'oblige à être à Montbard, à cette date, pour l'inauguration du monument du général Junot, et à faire partie du groupe qui souhaite la bienvenue au délégué du Ministre de la guerre.

J'aurai donc le vif regret de ne pouvoir être des vôtres et je vous en exprime ma bien sincère contrariété.

Je vous prie de m'excuser auprès de nos chers et intéressants collègues de la Société, et d'accepter, Monsieur le Président, pour vous et pour elle l'expression de mes sentiments les plus sympathiquement dévoués.

Ed. Piot.

Tout était prêt pour l'ouverture du Congrès et le 26 août, au soir, M. Brost*, infatigable, recevait les délégués à la sortie de la gare pour les conduire à l'hôtel et ensuite au café de la Concorde où les sourds-muets de Dijon, au grand complet, les accueillaient avec la plus franche cordialité.

---

* L'auteur remercie M. Alfred Brost de l'empressement qu'il a mis à lui fournir tous les documents nécessaires à l'élaboration de son rapport sur le Comité de préparation du Congrès international des sourds-muets à Dijon.

PREMIÈRE JOURNÉE

LE CONGRÈS

PREMIÈRE SÉANCE

En dépit des agissements absurdes que nous avons narré dans le chapitre précédent et malgré l'absence d'un grand nombre de sourds-muets qui n'avaient pu abandonner leurs occupations un samedi, une soixantaine de personnes ont pris part au Congrès international préparé par le Comité dijonnais.

Le samedi 27 août, vers huit heures du matin, le café Padiolleau, lieu de rendez-vous des congressistes présentait une animation peu accoutumée Les sourds-muets, présents à Dijon, avaient envahi la salle du rez-de-chaussée et débordaient sur la terrasse : on remarquait parmi eux M. Henri Genis, ancien président de l'*Association de Paris* avec les délégués suisses MM. Salzgeber, Morganti et de Buren ; M. Henri Mercier, représentant les sourds-muets de la Champagne ; MM. Jules Henry et Challandes, délégués de la Franche-Comté ; les délégués anglais dont la façon de converser excitait la curiosité ; M. A. Varenne, M. Berthet qui était tout heureux de retrouver à Dijon un grand nombre de ses camarades de l'institution de Saint-Claude-Besançon ; M. Ch. Agnus, de Paris ; M. Deslandes, de Meaux, etc., etc.

En général les sourds-muets présents s'occupaient peu ou prou des incidents qui avaient précédé le Congrès ; M. Henri Genis échangeait sans façon des poignées de main avec les trois délégués de l'*Union française des Sourds-Muets*, MM. Berthet, Varenne et Chazal, et tous les congressistes, heureux de se retrouver ou de faire connaissance, s'empressaient d'aller saluer M. et Mᵐᵉ Boquin, pendant que les membres du Comité dijonnais, MM. Vuillemey, Brost et autres, arrêtaient définitivement le programme du Congrès et des journées suivantes.

Enfin, vers 9 heures, les commissaires du Congrès donnèrent le signal du départ et peu après les congressistes étaient confortablement installés dans la vaste salle Flore dépendant de l'Hôtel de Ville de Dijon. Disons tout de suite que le Comité avait eu un moment la pensée de tenir le Congrès dans l'enceinte même de l'Exposition. Mais le Comité avait sagement renoncé à ce projet en présence de l'exiguité de la salle offerte par le directeur de l'Exposition et surtout à cause de son éloignement du centre de la ville.

Dans la salle Flore, où trois cent personnes pourraient tenir à l'aise, M. Vuillemey, président du Comité, fit savoir que M. Henri Vanton, de Lyon, avait été choisi pour la présidence du Congrès et, personne ne présentant d'objections à ce choix, il lui remit les insignes de sa fonction en même temps qu'il l'installait à la place d'honneur. Les insignes de secrétaire furent alors remis à M. Chazal qui prit place à la droite de M. Vanton. C'est M. Boquin qui avait choisi et payé les insignes fort jolis du président et du secrétaire du Congrès.

M. Vuillemey donna ensuite lecture de nombreuses lettres d'excuses parmi lesquelles il convient de citer celles de M. Piot, sénateur; de M. le capitaine Vautrin, interprète des sourds-muets de la Bourgogne, obligés tous les deux de se rendre à Montbard pour assister à l'inauguration du monument élevé par les soins de la *Société du souvenir français*

sur la tombe du vaillant général Junot, duc d'Abrantès.
Après le président du Comité, M. Chazal présenta les excuses
de M. Francesco Guerra, de Naples; de MM. Ch. Prud'hon,
A. Sevos, Jules Vaugeois, Emile Chouet, retenus à Paris, et
il transmit aux congressistes les vœux de M. Chambellan, le
doyen des professeurs de sourds-muets, pour le succès du
Congrès.

M. Henri Vanton ouvrit alors la séance. Il commença
par remercier le Comité et les membres du Congrès de l'honneur qu'on lui avait fait en l'appelant à la présidence, puis il
déclara que, pris à l'improviste, il n'avait pas eu le temps de
préparer de mémoire sur les questions à l'ordre du jour ;
mais qu'il croyait tout de même pouvoir les traiter sans trop
s'aventurer et qu'au surplus il comptait sur le bon esprit de
ses confrères pour l'aider dans sa tâche et lui faciliter l'ac-
complissement de ses devoirs présidentiels.

Après ce préambule exposé avec sûreté, en des gestes clairs
et expressifs, M. Vanton dit qu'il n'était l'adversaire déclaré
d'aucune méthode, chacune pouvant d'ailleurs avoir ses raisons d'être et ses partisans convaincus ; mais que lui, sourd-
muet, préférait à tous les systèmes celui qui apprend à parler
et à lire sur les lèvres, le système oral en un mot qui seul peut
véritablement rendre les sourds-muets à la société. Pour sa
part il regrettait infiniment de ne pouvoir ni s'exprimer de
vive-voix ni comprendre le langage des entendants-parlants.

Assez étonnée de voir un sourd-muet se faire le champion
de l'orale pure, qu'en majorité nous considérons comme
néfaste à nos intérêts bien compris, l'assistance laissa néanmoins, sans l'interrompre, M. Vanton exposer longuement sa
thèse mais en manifestant à maintes reprises son dissenti-
ment.

Lorsqu'il eut fini, M. Varenne vint demander tout douce-
ment à M. Vanton comment il ferait, lui, partisant de l'orale
pure, pour commencer l'instruction d'un sourd-muet abso-

lument ignorant, n'ayant aucune idée, aucune notion des personnes et des choses. Le Président du Congrès ne fut pas embarrassé pour répondre à cette interrogation. Mais M. Varenne, peu satisfait de cette réponse, soutint que les signes, étaient absolument nécessaires, plus nécessaires que la parole et que vouloir appliquer la méthode orale à l'enseignement de tous les sourds-muets sans distinction, était non seulement une chimère ne pouvant aboutir à rien mais encore une utopie dangereuse.

M. Vanton répliqua vivement que l'application exclusive du système oral dans l'enseignement des sourds-muets ne pouvait en aucun cas être dangereux; qu'au contraire c'était le meilleur de tous les systèmes puisqu'en rendant la parole aux muets il leur permettait de trouver plus facilement du travail au sortir des écoles et la preuve c'est que les patrons refusent le plus souvent de nous embaucher à cause de notre surdi-mutité et parce qu'ils ne connaissent pas notre langage.

M. Varenne conteste absolument que tous les sourds-muets puissent articuler et lire convenablement sur les lèvres pour pouvoir converser avec les entendants parlants ; il soutient que les chefs d'industrie ne refusent les sourds-muets que lorsque le travail manque ; que la méthode orale seule exige beaucoup plus de temps que les autres, qu'en sortant des écoles les sujets qui ont été soumis à cette méthode sont pour la plupart incapables d'en tirer parti ; que sous le rapport de l'instruction ils sont inférieurs aux sourds-muets instruits par le système mimique et M. Varenne conclut en disant que seuls les sourds-parlants sont capables de tirer profit du système oral, mais que pour les sourds-muets de naissance le système mimique est préférable à tous les autres.

La discussion recommença de plus belle entre MM. Vanton, Varenne; Brost, J. Berthet, Salzgeber et Chazal. Au cours de cette discussion, le président du Congrès ayant dit que les professeurs sourds-muets étaient seuls à regretter la disparition de l'ancienne méthode, M. Jules Henry, de Besançon, intervint de la façon suivante.

M. Jules Henry. — Je commence par dire que j'ai rarement vu un patron refuser du travail à un sourd-muet pour la raison qu'il était sourd-muet. Certainement les employeurs grands ou petits préfèrent toujours les entendants-parlants à nous autres qui sommes privés de la faculté de parler et d'entendre, mais j'ai eu souvent l'occasion de prêter mon concours pour le placement de sourds-muets sans travail et presque toujours le patron auquel je me suis adressé embauchait celui que je lui présentais. L'embauchage dépend donc de la bonté de celui auquel on fait appel en pareille circonstance.

Maintenant, je proteste de toute mon énergie contre l'accusation portée, il n'y a qu'un instant, à l'égard des professeurs sourds-muets. J'ai appartenu pendant 17 ans comme professeur et surveillant général aux institutions de Besançon et de Lyon, je peux donc parler au nom de mes collègues absents et déclarer hautement ici que nous serions les premiers à nous réjouir de l'introduction de la méthode orale pure dans l'enseignement des sourds-muets, si l'excellence de cette méthode nous était démontrée. Or il n'en est rien ; jusqu'ici nous avons vainement cherché la preuve des bons résultats de cette méthode : loin d'être utile elle est nuisible à la majorité des sourds-muets dont elle retarde considérablement l'instruction. J'ai donc le droit, tant en mon nom qu'en celui des absents, de protester contre l'emploi abusif qu'on fait de la méthode orale dont le premier résultat a été de briser la carrière d'un grand nombre de sourds-muets d'élite : professeurs, répétiteurs ou surveillants généraux qui, par le fait de la méthode en question, ont été du jour au lendemain jetés sur le pavé et réduits aux pires conditions.

Et puisque je vous ai parlé de moi, permettez que je vous conte mon histoire : pendant cinq années, j'ai fait partie du personnel enseignant de l'institution de Besançon, là je travaillais de douze à dix-huit heures par jour. Ensuite pendant douze années j'ai été professeur à l'Institut Forestier de Lyon, je ne gagnais que tout juste de quoi suffire à mes besoins les plus urgents. Malgré cela, j'aimais mon métier et pas un seul de mes élèves; pas un seul de mes directeurs n'a eu à se plaindre de mes services ou à me reprocher un manquement quelconque à mes devoirs professionnels. Et cependant, quand on a inauguré le système oral, j'ai été congédié comme tant d'autres professeurs sourds-muets. Depuis je me suis vainement adressé aux pouvoirs publics pour obtenir une compensation quelconque : soit une petite pension, soit une simple médaille d'honneur. Voilà mon histoire ou plutôt celle de tous les professeurs sourds-muets employés dans les écoles privées; c'est pourquoi je proteste contre l'emploi exclusif de la méthode orale puisqu'elle n'a eu pour résultats que de nous interdire l'exercice d'une profession que nos aînés et nous avions exercé avec honneur.

M. Vanton. — J'ai bien dit que les professeurs sourds-muets étaient seuls à regretter la disparition de l'ancienne méthode; mais il entrait si peu dans mes intentions de suspecter leur désintéressement que je m'associe de tout cœur à la protestation de M. Jules Henry, contre le déni de justice dont lui et ses collègues ont été victimes.

M. Joseph Berthet, de Paris. — Je comprends parfaitement l'utilité de la parole car je parle assez bien et je lis également sur les lèvres; mais cela ne me sert qu'avec les personnes de ma connaissance ; avec les autres je préfère employer l'écriture parce que c'est plus sûr. J'en conclu que la parole et la lecture sur les lèvres ne suffisent pas pour rendre les sourds-muets à la société et qu'il faut surtout leur apprendre à écrire. Or, pour la compréhension des mots et des phrases, les signes me semblent absolument nécessaires : Je donne donc mes préférences à la méthode mixte pour l'enseignement des sourds-muets.

M. Boquin, de Montbard. — J'ai malheureusement toujours eu une très mauvaise vue et par ce fait je n'aurais jamais pu apprendre quoique ce soit sans le langage mimique. Aujourd'hui que je suis à peu près aveugle, je ne pourrais converser avec mes frères en surdi-mutité sans le secours des signes. C'est encore par les signes que j'ai pu suivre, au toucher et grâce au dévouement dè Mme Boquin, la discussion engagée ici depuis bientôt trois heures. Tout cela ne m'aurait point été possible à moi, sourd-muet aveugle, avec la méthode orale.

Je proteste donc de toutes mes forces contre l'emploi exclusif de la méthode orale qui, ainsi que l'a dit M. Jules Henry, n'a eu d'autres résultats que de fermer aux sourds-muets une carrière qu'ils auraient toujours bien remplie : l'exemple des Berthier, des Théobald, des Chambellan, etc., est là pour le démontrer. Avec ces maîtres et avec ceux qui m'ont précédé à cette tribune, je me déclare donc partisan convaincu et impénitent de l'admirable méthode de l'abbé de l'Epée.

M. Salzgeber, de Genève. — Ce n'est pas sans émotion que nous avons vu le plaidoyer de M. Boquin en faveur de la méthode mimique ; mais tout en rendant justice à la sincérité des honorables préopinants qui sont venus protester contre le système oral, je dois à ce que je pense être la vérité, de dire que ce système est universellement appliqué en Allemagne, en Italie, en Suisse et que dans ces pays tous les sourds-muets s'en trouvent fort bien. Moi-même, j'ai été élevé dans une école où le système oral était rigoureusement appliqué et, quoique sourd-muet de naissance, je fais convenablement usage de la langue parlée.

M. Chazal. — Je ne veux pas mettre en doute ce que vient de dire M. Salzgeber, cependant j'ai souvent rencontré des sourds-muets démutisés qui se vantaient de parler dans la perfection et qui à la moindre occasion étaient pris en défaut. Ce matin même, en venant ici, j'ai eu un nouvel exemple de la difficulté qu'il y a pour les élèves de l'ora'e pure à se faire comprendre des entendants-parlants et puisque M. Salzgeber assure qu'il parle très bien, je ne serais pas fâché de le mettre à l'épreuve.

M. Salzgeber. — Je consentirais avec plaisir à l'épreuve que demande M. Chazal, seulement elle me paraît assez difficile car je ne parle couramment que l'allemand.

M. Chazal. — Alors je renonce à mettre M. Salzgeber à l'épreuve. Mais puisqu'il a dit tout à l'heure que les sourds-muets Suisses, Italiens et Allemands se trouvaient fort bien du système oral, comment se fait-il que les Allemands et les Italiens que nous connaissons soient justement adversaires du système prôné par MM. Vanton et Salzgeber?

Quant aux sourds-muets Suisses, nous n'en connaissons que deux, MM. Salzgeber et Jacques Ricca; si ce dernier tient également pour la méthode orale, il est permis de douter de l'excellence d'une méthode qui n'a produit que deux sujets remarquables pour toute la Suisse.

M. Salzgeber. — Il y en a beaucoup d'autres, vous pouvez vous en assurer auprès de MM. Morganti et de Buren qui sont ici.

M Chazal. — J'en suis heureux pour la Suisse, en tous cas la réputation de ceux dont parle M. Salzgeber n'est pas parvenue jusqu'a nous tandis qu'il connait au moins de nom les Berthier, les Théobald, les Chambellan que M. Boquin a cités si fort à propos ; il connait aussi je suppose Benjamin Dubois, Dusuzeau, Cochefer, Gaillard, Née, Jeanvoine, Olivier, Ligot, etc.

Eh bien, ceux-là et d'autres que j'oublie ont été instruits avec la bonne vieille méthode de l'abbé de l'Epée ; on est donc en droit de la préférer à toutes les autres dont les bons résultats sont plus que contestables.

Nous savons bien que l'orale pure, n'ayant été rigoureusement appliquée en France que depuis une dizaine d'années, n'a pas encore eu le temps de produire tous ses effets. N'importe, d'après ce que nous voyons en France nous pensons qu'on sera obligé tôt ou tard de renoncer à l'application exclusive de l'orale pure pour revenir à un système plus rationnel. C'est du reste ce qui s'est passé en Amérique où, après trente années d'expériences, la méthode orale a dû être définitivement abandonnée dans les institutions publiques.

M. Vanton. — Il est midi et si personne ne s'y oppose, je lève la séance et je renvoie la suite de la discussion à deux heures.

Ainsi fût fait. La séance du matin avait duré trois heures consécutives sans incidents notables. Certes, à plusieurs moments la discussion avait été assez vive entre M. Vanton et ses contradicteurs ; mais grâce au bon esprit du président et des congressistes elle s'était apaisé le plus naturellement du monde.

DEUXIÈME SÉANCE

A deux heures les congressistes étaient de nouveau réunis dans la salle Flore. M. Vanton allait déclarer la séance ouverte, lorsque M. Vuillemey demanda l'autorisation de faire une communication urgente aux membres du Congrès. Cette communication consistait en une dépêche dans laquelle M. Ramager, président de la *Société des Sourds-Muets de la Bourgogne,* faisait savoir qu'il lui serait décidément impossible d'assister au Congrès, des affaires de famille le retenant à Verdun, mais qu'il serait sans faute à Dijon, le lendemain dimanche.

M. Chazal, auquel M. Brost venait de remettre une lettre de M. Jean Olivier, en fit la lecture : dans sa lettre M. Jean Olivier s'excusait de n'avoir pu venir à Dijon comme il l'avait espéré, puis en félicitant les sourds-muets bourguignons de leur entreprise, il formulait l'espérance de la voir couronnée de succès et Jean Olivier terminait en envoyant un salut fraternel à tous les congressistes.

M. Vanton, président du Congrès, ouvrit alors la séance et dit : J'espère que la discussion qui va commencer ne le cèdera en rien à celle de ce matin et j'invite M. Chazal à reprendre ses explications interrompues.

M. Chazal. — Ce matin, j'ai répondu un peu longuement à M. Salzgeber, maintenant je vais m'occuper du principal argument de M. Vanton en faveur de la méthode orale, ensuite je vous lirai le mémoire que j'ai préparé sur l'enseignement des sourds-muets et je vous proposerai d'en voter les conclusions si elles sont conformes à vos opinions.

Le président du Congrès, l'honorable M. Vanton, a pré-
tendu que les patrons nous refusent du travail parceque
nous étions sourds-muets ; M. Jules Henry, qui m'a précédé,
a déjà réfuté en partie cette assertion qui est cependant
vraie jusqu'à un certain point. Il est évident, en effet, que les
entendants-parlants préféreront toujours un ouvrier jouissant
de la plénitude de ses sens à nous autres auxquels il manque
l'ouïe et la parole, comme nous préférons nous aussi avoir
à faire à nos semblables en surdi-mutité. Mais au fond, je
crois que ce qui empêche le sourd-muet de trouver à s'employer, c'est que très souvent le sourd-muet ne connait que
très imparfaitement son métier et qu'il nuit par cela seul à
ceux qui se présentent après lui.

Au contraire, lorsque le sourd-muet est un habile ouvrier
il n'est pas rare de voir l'employeur le préférer aux entendants-parlants, car, à capacités égales, les sourds-muets sont
moins rétribués que les autres. Certes, cela est souveraine-
ment injuste ; mais que voulez-vous y faire ?

Je conclus donc en disant que l'argument de M. Vanton,
s'il est malheureusement fondé dans beaucoup de cas, ne
plaide nullement en faveur de la méthode orale. Les sourds-
muets, quoi qu'on puisse faire, auront toujours leur infirmité contre eux ; il est toutefois permis d'espérer qu'on peut
leur rendre la vie plus facile. Pour cela il faut leur apprendre à lire et à écrire convenablement et surtout leur mettre
un bon métier dans les mains.

Ceci dit, permettez-moi de vous lire le mémoire dont je
vous parlais tout-à-l'heure.

M. le Secrétaire général du Congrès donne alors lecture
du Mémoire qu'il a rédigé sur les méthodes suivies ou à
suivre dans les écoles, pour l'instruction des sourds-
muets.

Mémoire de M. Chazal sur l'Instruction des Sourds-Muets

Nous aurions désiré que ce sujet si délicat et si ardu fut traité par les vétérans de notre enseignement, par ceux dont la vie tout entière a été consacrée au développement des facultés intellectuelles et morales de plusieurs générations de sourds-muets ; nous avons nommé Chambellan et Benjamin Dubois, ces deux maîtres vénérés de tous, ces deux maîtres dont nous croyons avoir conquis l'amitié et dont nous sommes fiers d'avoir obtenu la collaboration pour notre vaillant *Sourd-Muet Illustré* tant dénigré par d'autres.

Pour des raisons diverses ces deux maîtres, remarquables à tous les points de vue, ont décliné l'offre que nous leur avons faite. Cependant, mieux que personne, Chambellan et Dubois peuvent disserter sur l'enseignement des sourds-muets qu'ils ont pratiqué pendant quarante ans et plus.

A leur défaut, nous avons dû, nous leur élève, et si j'ose le dire, leur ami, nous charger de ce travail difficile entre tous et qui serait au-dessus de nos forces si nous n'avions pour nous aider les observations et l'expérience acquises par le contact journalier de nos camarades d'infortune ainsi que le souvenir de quelques bonnes lectures.

Ce sont ces observations que nous allons vous soumettre, heureux si leurs résultats concordent avec l'intérêt bien compris des sourds-muets considérés en masse et si vous voulez bien nous faire l'honneur de nous approuver.

Ici, comme partout, nous savons tous que l'abbé de l'Epée ne fut pas au sens strict du mot le premier instituteur de sourds-muets. Avant lui, dans les différents pays d'Europe, d'autres avaient tenté l'instruction de quelques sujets atteints de surdi-mutité; mais ces essais qui, du reste, cessèrent à la disparition de leurs généreux auteurs n'enlevent rien à la gloire de notre cher et immortel abbé de l'Epée. Car ce fut cet humble prêtre qui tenta d'une façon générale l'enseignement des sourds-muets et qui eut le bonheur de laisser des règles précises sur la manière d'instruire ces infortunés.

Ce n'est pas le moment de faire même un résumé de la vie toute de dévouement et d'abnégation de celui dont la Convention Nationale, en adoptant son œuvre, disait qu'il avait bien mérité de la Patrie ! Non, ce serait vous faire injure car vous connaissez, aussi bien que moi, tout ce dont nous sommes redevables à cet homme de bien sans lequel nous serions peut-être aujourd'hui encore plongés dans la plus terrible des situations. Aussi, comme nous, les sourds-muets des siècles à venir garderont-ils au fond de leur cœur le culte de leur second créateur, l'abbé de l'Epée !

Le successeur de l'abbé de l'Epée fut l'abbé Sicard, qui peut être considéré comme le fondateur de l'Institution nationale des sourds-muets de Paris. Tout en continuant l'œuvre de son illustre prédécesseur, l'abbé Sicard ne fut pas un second de l'Epée, s'il faut en croire les gens très au courant de l'histoire des sourds-muets dans notre pays. Il paraît que Sicard recherchait surtout les manifestations extérieures et, pour faire du bruit dans le monde et éblouir le public, il employait, avec ses deux élèves Jean Massieu et Laurent Clerc, des moyens sur la nature desquels il serait malséant d'insister. Quoiqu'il en soit, il semble certain que l'abbé Sicard dans plusieurs ouvrages sur les sourds-muets n'en a pas toujours parlé d'une façon convenable ; mais nous voulons seulement nous souvenir que l'abbé Sicard faillit être massacré pendant les plus mauvais jours de la Révolution et ce souvenir nous porte à le considérer comme un des hommes dont le nom ne doit pas être oublié des sourds-muets.

Après Sicard, les établissements destinés à l'éducation des sourds-muets surgirent un peu partout, mais comme l'histoire de cet enseignement n'entre pas dans le cadre de ce mémoire, nous allons essayer de traiter et de résoudre la question des méthodes.

Hélas ! après un siècle d'existence l'enseignement de nos frères d'infortunes au point de vue des méthodes n'est pas encore résolu : tantôt c'est la méthode mimique qui prévaut, une autre fois c'est la fameuse méthode orale pure qui l'emporte. Avec une semblable façon de procéder comment veut-on que l'enseignement des sourds-muets fasse un progrès quelconque ?

Ce n'est pas tout, dans notre beau pays de France qui se targue toujours d'être le premier du monde, l'instruction, qui est obligatoire pour les entendants-parlants, ne l'est ni pour les sourds-muets ni pour les aveugles alors que l'humanité la plus élémentaire commande précisément de s'occuper des malheureux déshérités de la nature avant ceux qui ont le bonheur de jouir de la plénitude de tous leurs sens.

Cependant, malgré cette inexplicable lacune dans la législation en ce qui concerne notre éducation, les écoles existantes pourraient suffire jusqu'à un certain point et donner à ceux qui ont le bonheur de les fréquenter le moyen d'acquérir plus tard une instruction aussi complète que possible. Au lieu de cela, nous sommes obligés de constater que la grande majorité des élèves, à leur sortie des écoles, sont incapables de s'exprimer correctement et de lire avec intelligence même le petit journal quotidien à un sou.

Et pourquoi une telle infériorité en regard des autres ? Sans doute le sourd-muet privé du sens de l'ouïe est par cela même toujours en retard non au point de vue de l'intelligence mais de la compréhension des choses et des idées que l'enfant normal apprend à connaître, à comprendre pour ainsi dire dès le berceau. Mais à notre humble avis, il serait possible de remédier à cette triste conséquence de la surdité, par des exercices sur la langue française répétés souvent, répétés sans cesse, répétés toujours jusqu'à ce que l'élève préalablement dégrossi connaisse la valeur des mots et le sens des phrases.

C'est à cela surtout que l'on devrait s'appliquer dans les écoles, et pour y parvenir nous croyons qu'il faudrait laisser de côté la géographie et l'histoire, dont les noms et les dates difficiles à apprendre et à retenir. font perdre beaucoup de temps sans grand profit puisque dans la vie courante on ne parle guère de géographie ou d'histoire rétrospective. Il faudrait aussi éviter les complications grammaticales qui, nous l'avons vu souvent, mettent les élèves à la torture. Du reste, on pourrait toujours reprendre ces matières lorsque le sourd-muet saurait lire et écrire à peu près convenablement. Car, enfin, que voulez-vous que fasse dans la vie un sujet bourré d'histoire ou de géographie mais incapable d'écrire la lettre la plus insignifiante.

Mais pour arriver à apprendre à lire et à écrire aux sourds-muets, pour leur faire comprendre la langue française c'est pure illusion que de compter exclusivement sur l'orale pure, qui aujourd'hui est employée dans toutes les institutions et écoles de notre pays.

En admettant que les muets de naissance parviennent à articuler convenablement, ce qui ne se voit guère, qui nous dit que ces muets démutisés ne sont pas de simples perroquets répétant automatiquement des phrases qu'on a eu un mal infini à leur enfoncer dans la tête et incruster dans la gorge ? Non, pour faire comprendre n'importe quel sujet aux sourds-muets, les signes sont absolument nécessaires.

D'un autre côté, si l'emploi du langage des signes est obligatoire pour la compréhension de la langue, il est non moins indispensable, pour familiariser les sourds-muets avec l'usage de cette langue, de leur interdire les signes en dehors des leçons et de les contraindre ou plutôt de leur démontrer l'intérêt qu'il y a pour eux à se servir de la langue écrite, c'est-à-dire de traduire par écrit toutes leurs impressions, toutes leurs idées.

Si nous avons bonne mémoire, c'est ainsi que procédait M. André Valade-Gabel, lorsqu'il dirigeait la classe Itard à l'Institution Nationale de Paris. Il poussait même la conscience dans cette voie jusqu'à s'interdire à lui-même l'emploi du langage mimique lorsqu'il pouvait se faire comprendre par écrit. Certes, le système de M. Valade-Gabel ennuyait quelque peu les *Itardiens*, comme nous aimions à nous surnommer nous-mêmes, mais nous avions assez de bon sens pour en apprécier l'excellence.

Voilà, à notre point de vue, ce qu'il conviendrait de faire dans l'enseignement des sourds-muets de naissance, autrement dit, avoir pour ceux-là une méthode basée sur l'emploi judicieux de l'écriture et des signes.

Quant aux sourds-parlants, assez nombreux dans les écoles de sourds-muets, on doit essayer avec eux l'usage exclusif de l'orale pure : sourd-parlant nous-même, nous nous rendons parfaitement compte que la parole étant le grand moyen de communication entre les hommes, tous ceux d'entre nous que la méthode orale aura mis en mesure de converser de vive voix avec les entendants-parlants seront ainsi rendus à la société.

Nous ne sommes donc nullement les adversaires de l'orale pure, nous demandons seulement que cette méthode soit appliquée avec une grande prudence, c'est-à-dire avec les seuls sujets capables d'en tirer profit.

En un mot, il nous semble qu'il faudrait pour l'enseignement de nos frères d'infortune non une méthode unique orale ou manuelle mais deux systèmes : l'un, le système oral pour les sourds-parlants qui seraient reconnus aptes à le suivre avec succès, l'autre, reposant sur l'écriture et le geste, pour les sourds-muets de naissance, ce qui n'empêcherait pas d'enseigner un peu d'articulation et de lecture sur les lèvres aux meilleurs sujets de cette dernière catégorie. Mais encore une fois, il faut se garder de généraliser, comme nous sommes enclins à le faire en France où trop souvent nous nous emballons et ne savons rien pratiquer avec mesure.

Pour le succès de ces deux systèmes, il va de soi que la séparation des sourds-parlants d'avec les sourds-muets proprement dit s'impose d'une façon absolue, sans compter qu'on y gagnera certainement au point de vue de l'émulation entre les élèves.

En effet, mêler les sourds-parlants aux sourds-muets, c'est jeter le découragement parmi ces derniers, car presque toujours les sourds-parlants sont supérieurs aux sourds-muets. Dès lors ces derniers se désespéreraient et, se disant que leur surdi-mutité ne leur permettra jamais d'égaler les premiers, ils renonceraient à bien travailler, convaincus que tous leurs efforts ne seront pas récompensés.

La séparation en deux catégories des élèves de nos écoles ne s'impose pas seulement pour la parfaite réussite des méthodes et le bien des élèves, elle s'impose également par la plus simple équité : n'est-il pas injuste, en effet, de faire étudier et concourir ensemble des sujets dont les uns ont perdu l'ouïe à un âge plus ou moins avancé et n'ont jamais été muets avec ceux qui ont toujours été privés d'entendre et de parler ?

Telles sont les idées que nous avons pu nous faire sur l'enseignement des sourds-muets par la fréquentation continuelle de camarades d'infortunes. Si vous estimez qu'elles sont justes, se rapprochent de la vérité et sont de nature, si on les adoptaient en les améliorant, de rendre quelques

services à la cause de l'enseignement de nos jeunes frères ;
nous vous proposons d'adopter les conclusions suivantes :

Les sourds-muets réunis en Congrès international à Dijon,
le 28 août 1898, après une discussion à laquelle ont pris part
MM. Vuillemey, de Dijon ; Vanton, de Lyon ; Varenne, de
Paris : Brost, de Dijon ; Henry, de Besançon ; Berthet, de
Paris ; Boquin, de Montbard ; Salzgeber, de Genève ; Genis,
de Nanterre et Chazal, de Paris,

Estimant, avec tous les grands maitres de l'enseignement
des sourds-muets, que l'application exclusive de la méthode
orale pure est dangereuse ou tout au moins nuisible à l'instruction des sourds-muets considérés en masse ;

Que cette méthode, qui nous vient de l'étranger, ne peut
profiter qu'aux sujets ayant entendu et parlé jusqu'à un
certain âge ;

Que le langage mimique est absolument indispensable
pour l'éducation des sourds-muets de naissance ; mais qu'il
convient pour familiariser ces sourds-muets avec l'usage de
la langue française, de restreindre l'usage des signes au
strict nécessaire et de leur imposer de préférence l'emploi
de l'écriture aux gestes ;

Pour ces motifs, les membres du Congrès international
de sourds-muets émettent à l'unanimité les vœux suivants :

1º La méthode orale pure, actuellement en usage dans
les écoles de sourds-muets, sera conservée mais seulement
appliquée aux sourds-parlants capables d'en tirer profit.

2º Pour l'enseignement des sourds-muets de naissance
il y a lieu de faire usage d'un système participant à la fois
de l'écriture et des signes sans préjudice des leçons d'articulation et de lecture sur les lèvres dont on pourra faire
profiter les meilleurs sujets de cette dernière catégorie.

Et pour terminer dignement ce Congrès nous adressons
l'expression de notre plus vive reconnaissance à tous ceux

qui avant et après l'abbé de l'Epée se sont voués à l'éducation des sourds-muets.

Les conclusions du mémoire de M. Chazal, mises aux voix, furent adoptées par la majorité des congressistes. Elles furent reproduites dans tous les journaux de la Bourgogne et dans quelques-uns de Paris, notamment l'*Univers* et le *Monde* du 1er septembre 1898. Puis la discussion étant épuisée sur la matière, le Président annonça qu'on allait passer à la seconde partie de l'ordre du jour du Congrès sur les sociétés de sourds-muets.

Les Sociétés de Sourds-Muets

Comme il l'avait fait le matin, M. Vanton ouvrit la discussion sur la question des sociétés de sourds-muets en général. Il commença par dire qu'il était profondément convaincu de l'utilité des associations surtout entre sourds-muets que leur infirmité isole en quelque sorte au milieu de la grande famille des entendants-parlants. En nous groupant tous, dit M. Vanton, nous acquérons la force nécessaire pour nous faire respecter des autres et faire triompher nos revendications. Mais ce n'est pas tout, associés nous nous aidons mutuellement en cas de maladie ou de chomage et, à l'appui de sa thèse, le Président du Congrès cita le cas d'un sourd-muet de Lyon qui, victime d'un très grave accident, s'était trouvé du jour au lendemain dépourvu de tout, sans aucun appui moral ou matériel parce qu'il n'avait jamais voulu entrer dans une société quelconque.

Si ce malheureux avait été membre d'une société de secours-mutuels d'entendants-parlants ou de sourds-muets comme l'*Amitié de Lyon*, par exemple, il aurait trouvé auprès de ses co-associés les ressources nécessaires pour se soigner, attendre son rétablissement et intenter un procès en dommages-intérêts à l'auteur de l'accident dont il avait été victime.

Tout cela, dit M. Vanton, démontre assez l'utilité, la nécessité même des associations non-seulement pour les entendants-parlants mais aussi, mais surtout pour les sourds-muets qui, plus que tous les autres, ont besoin de se réunir, de se grouper entre eux pour s'aider mutuellement dans les différentes circonstances de la vie. Puis M. Vanton termina en donnant les détails suivants sur la société des sourds-muets de Lyon.

L'*Amitié des Sourds-Muets de Lyon et des départements voisins* est une société amicale et mutuelle, fondée en 1897; elle a pour but : 1° De resserrer les liens de confraternité et d'harmonie existant entre les sourds-muets ; 2° De s'occuper de l'amélioration de leur sort; 3° De leur faire comprendre leurs droits et leurs devoirs de citoyens et de les diriger dans le cours de la vie ; 4° De servir des secours aux membres participants malades ; 5° De pourvoir d'une manière convenable à leurs funérailles; 6° De perpétuer la mémoire de l'abbé de l'Epée et de célébrer annuellement la fondation de la société.

L'*Amitié de Lyon*, ajouta M. Vanton, ne demande à ses membres participants qu'un droit d'admission de 2 francs et ensuite une cotisation de 1 franc par mois. Je ne pense pas qu'il existe une autre société analogue accordant à ses membres autant d'avantages pour un si petit versement.

Tous les congressistes étant du même avis que M. Vanton sur la nécessité des sociétés de sourds-muets, aucune discussion ne s'est engagée sur ce sujet. M. Chazal se contenta de faire l'énumération des sociétés de sourds-muets existantes en France et d'expliquer leurs buts. Voici par rang d'ancienneté la liste des sociétés françaises de sourds-muets ;

L'*Association amicale*, ancienne *Société Universelle*, est la première société de France et même du monde entier puisqu'elle a été fondée en 1838 par le célèbre Ferdinand Berthier.

Cette société fut jusqu'à ces derniers temps une société de propagande. Comme telle nous croyons qu'elle a contribué pour une bonne part à faire connaitre les ouvrages intéressant les sourds-muets, à l'érection de la statue de l'abbé de l'Epée à Versailles, à l'édification du monument funèbre de notre grand bienfaiteur, qui se trouve dans l'église Saint-Roch, de Paris. L'*Association* a aussi accordé des subventions au journal l'*Abbé de l'Epée*, à la *Gazette* et en dernier lieu au *Journal des Sourds-Muets*.

Actuellement l'*Association des Sourds-Muets de la Seine et de Seine-et-Oise* est une société d'instruction, de moralisation et de secours mutuels.

Elle a pour but :

1° De délibérer sur les intérêts des sourds-muets en général et d'améliorer leur sort ;

2° De constituer le patronage des jeunes sociétaires par les anciens en établissant entre eux un centre de relations amicales et d'aide mutuelle ;

3° De les éclairer sur leurs droits et leurs devoirs de citoyens et de les guider dans les diverses affaires de la vie ;

4° De s'occuper du placement de ses membres sans travail ;

5° De faire connaître et faire récompenser les travaux et les actes méritoires des sourds-muets des deux sexes ;

6° De donner les soins du médecin et les médicaments aux sociétaires malades ;

7° De leur payer une indemnité pendant le temps de leur maladie ;

8° De pourvoir à leurs frais funéraires ;

9° Enfin, de perpétuer, ainsi que cela se fait d'ailleurs

depuis 1834, la mémoire de l'abbé de l'Epée, le premier instituteur public des sourds-muets.

10° D'arriver à l'établissement à Paris d'un lieu de réunion où les sourds-muets pourraient venir une ou deux fois par semaine y débattre de leurs intérêts et se distraire par des jeux et lectures variées, par des conseils et conférences mutuelles.

L'*Association* ne demande à ses adhérents qu'une cotisation mensuelle de 1 franc, c'est bien peu et nous pensons que c'est beaucoup promettre. Mais, ainsi que nous l'avons déjà dit dans le *Sourd-Muet Illustré*, nous espérons que l'*Association*, qui a toujours été assez riche pour payer sa gloire, le sera suffisamment dans l'avenir pour réaliser son nouveau programme.

La *Société d'Appui fraternel* fut fondée en 1880 par M. Joseph Cochefer, c'est une société de retraite qui, moyennant 1 franc par mois, s'engage à servir à ses adhérents une petite pension au bout de vingt années de versements. Toutefois, tout sociétaire comptant cinq années de cotisations régulières peut exiger une pension proportionnée à ses versements si une infirmité ou une maladie incurable lui interdisent tout travail.

Le but de cette société est louable mais un avenir prochain démontrera s'il est praticablement réalisable. En attendant, constatons que cette société a eu des commencements difficiles et a traversé des moments très critiques par suite du mauvais esprit de son fondateur qui, dès le début, visait surtout à la disparition de l'*Association amicale*.

Aujourd'hui, le fondateur de l'*Appui fraternel* semble être revenu à une plus saine compréhension des choses et nous serions heureux de le féliciter des 35,000 francs qu'il a su amasser pour faire des rentes aux membres de sa société, s'il était d'esprit plus libéral et ne se montrait pas si hostile envers les autres groupes de sourds-muets qui veulent rester indépendants.

La *Société des Sourds-Muets de la Bourgogne* fut fondée en 1890 par M. Alfred Boquin.

Cette société a pour but :

1° De donner de bons et sages conseils aux sourds-muets qui en font partie ou non.

2° De leur procurer des moyens de réunion et d'études.

3° De perpétuer la mémoire de l'abbé de l'Epée et de défendre les principes de son enseignement.

Pour être juste, il convient de dire que la *Société des Sourds-Muets de la Bourgogne* n'a pu faire grand chose pour défendre les principes de l'enseignement de l'abbé de l'Epée.

Pour cela il lui faudrait une autre organisation et d'autres hommes ; ce n'est pas en effet M. Boquin, son fondateur, qui pourrait faire quelque chose pour réaliser cette partie du programme de sa société. Du reste, pas une société de sourds-muets ne pourrait se flater d'avoir défendu les procédés d'enseignement de l'abbé de l'Epée, pas une, nous le répétons, pas même les associations parisiennes, qui pourtant ont d'autres moyens d'action que la société bourguignonne.

On ne peut donc rien reprocher sous ce rapport à M. Boquin, qui par surcroit de malheur est à peu près aveugle. Nous croyons même qu'il convient de le louer d'avoir fait insérer dans les statuts de sa société un article, en faveur de la méthode mimique, qui est en quelque sorte une protestation des sourds-muets de la Bourgogne contre le système oral.

Mais si M. Boquin et ses collaborateurs n'ont rien pu faire pour la bonne vieille méthode de l'abbé de l'Epée, ils se sont toujours surpassés dans l'organisation des réunions et

des fêtes anniversaires du premier instituteur des sourds-
muets. Ce n'est pas tout, ils ont, par souscription, fait ériger
au Musée de Dijon une magnifique statue de l'abbé de l'Epée
qui excite l'admiration et le respect de tous les visiteurs.

C'est enfin à M. Boquin et à la *Société des Sourds-Muets
de la Bourgogne* que l'on doit ce Congrès, car sans lui et
sans cette Société jamais les Dijonnais n'auraient osé entre-
prendre une œuvre aussi compliquée et aussi incertaine.

Les fondateurs de la *Société des Sourds-Muets de la
Bourgogne* furent avec M. Boquin, MM. Ramager, Changenet, Larue, Chouet, Jovin, Dupont, Vuillemey, Vallier et
Gille. Ces vaillants ont été à la peine, il est juste qu'ils soient
à l'honneur.

L'*Association fraternelle des Sourds-Muets de la Normandie* fut fondée, en 1891, par M. Louis Capon, un des
meilleurs sourds-parlants de France qui a créé ultérieurement une institution à Elbeuf.

La Société normande a pour but de patronner les sourds-
muets à leur sortie de l'école d'Elbeuf, de les assister en cas
de maladie ou de chomage, de les conseiller dans les affaires graves, de leur procurer de quoi vivre lorsque les infir-
mités ou la vieillesse les réduisent à l'inaction et de leur assurer une sépulture convenable.

En un mot, l'*Association de Normandie* est une société
de secours mutuels dans toute l'acceptation du terme;
c'est même, nous le croyons, la première de ce genre fondée en France pour les sourds-muets. M. Louis Capon a
donc droit à tous les éloges d'autant plus que les bienfaits
de la société qu'il a fondée à Rouen s'étendent sur tous les
sourds-muets de la Normandie sans distinction d'origine.

L'*Association amicale des Sourds-Muets de la Champagne*. A peine revenu du Congrès de Chicago où il avait
accompagné la délégation des sourds-muets de France,
M. Emile Mercier entreprit de doter la Champagne d'une

société modèle, aidé par son frère Henri et par MM. Prosper et Pron, il réussit enfin, en 1894, à faire autoriser la constitution régulière de l'*Association des Sourds-Muets de la Champagne* qui a pour but :

1° De délibérer sur les intérêts des Sourds-Muets en général et d'améliorer leur sort ;

2° De constituer le patronage des jeunes sociétaires par les anciens, en établissant entre eux un centre de relations amicales et d'aide mutuelle ;

3° De les éclairer sur leurs droits et leurs devoirs de citoyens et de les guider dans les diverses affaires de la vie ;

4° De s'occuper du placement de ses membres sans travail ;

5° De faire connaître et récompenser les travaux et les actes méritoires des sourds-muets des deux sexes ;

6° De donner les soins du médecin et les médicaments aux sociétaires malades ;

7° De leur payer une indemnité pendant le temps de leur maladie ;

8° De pourvoir aux frais de leurs funérailles ;

9° Enfin de perpétuer, ainsi que cela se fait d'ailleurs depuis 1834, la mémoire de l'abbé de l'Epée, le premier instituteur des sourds-muets.

C'est absolument le programme de l'Association parisienne et ce beau programme a été réalisé de points en points en Champagne, tandis que nous nous demandons s'il le sera à Paris.

Ce n'est pas tout, nous croyons savoir que MM. Emile et Henri Mercier, Jeanvoine et Pron, poursuivent la constitution d'une caisse de retraite pour assurer l'existence des sociétaires âgés ou infirmes. Nous ne doutons pas que leurs efforts en ce sens ne soient couronnés de succès et alors la Société de Reims sera, sans conteste, la première Société de

France. Elle l'est déjà du reste par les services qu'elle rend, par l'importance de son capital qui à l'heure actuelle s'élève à près de 30,000 francs et par le chiffre de ses adhérents, honoraires et titulaires qui sont au nombre de près de cinq cents.

L'*Association des Sourds-Muets de la Champagne* possède enfin, grâce à la générosité de M. Pron, un cercle, le Cercle *Abbé de l'Epée*, à Reims, le seul de ce genre en France qui soit la propriété des sourds-muets. Et tout cela a été réalisé en quatre années ? C'est beau, c'est magnifique et ce résultat fait bien augurer de l'avenir. Ajoutons enfin pour terminer que l'*Association Champenoise* a obtenu en diverses expositions les récompenses suivantes :

Médaille de Bronze :   Bordeaux 1894,
Médaille d'Argent :   Reims 1895.
Médaille de Bronze :   Rouen 1896.
Médaillle d'Argent :   Paris 1897.
Médaille de Vermeil :   Vincennes 1898.

Ces récompenses font le plus grand honneur aux dirigeants de la Société de Reims. Elles prouvent aussi leur désintéressement, chose fort rare surtout à Paris où nos bienfaiteurs modernes pensent surtout à faire fleurir leur boutonnière.

L'*Association humanitaire des Sourds-Muets de Provence* est aussi une société de secours mutuels ; elle a été fondée à Marseille, en 1895, par M. Henri Richard. Ses adhérents doivent payer une cotisation mensuelle de 1 fr. 25 pour avoir droit aux avantages accordés par la Société, avantages que nous trouvons énumérés, comme il suit, dans les statuts de l'*Association de Provence* et que nous reproduisons sans rien y changer.

Les soins du médecin et les médicaments sont donnés aux sociétaires malades et à leurs familles pendant le cours de la maladie, sauf les exceptions indiquées spécialement dans les statuts et règlements, on entend par famille, les parents qui sont à la charge du sociétaire, qui résident sous le même toit et ne forment avec lui qu'un même feu.

L'indemnité due au sociétaire malade sera de 6 francs par semaine pendant trois mois, et de 3 francs pour les trois autres mois.

Le droit à ces avantages ne commencera pour le sociétaire qu'un an après son premier versement.

La Société laisse au conseil d'administration le soin de juger si à l'expiration de ces six mois le secours sera continué.

Ce qu'il convient de remarquer c'est que la *Société des Sourds-Muets de Provence* accorde des secours à la famille du sociétaire. C'est une innovation qui lui fait une place à part parmi nos sociétés de secours mutuels, d'autant plus que M. Henri Richard, lors de son passage à Paris, nous a assuré que sa société avait encore une caisse de prêt gratuit pour les cas urgents et imprévus par les règlements.

L'*Union française des Sourds-Muets*, fondée en 1895 à Paris, a pour but de permettre à ses adhérents de prendre part à une excursion qui se fait chaque année, pendant la belle saison, et de participer aux fêtes organisées en l'honneur de l'abbé de l'Epée. Elle doit, en outre, assistance aux sociétaires victimes d'une maladie ou d'un accident entraînant une incapacité de travail de plus de quinze jours et, si ses ressources le permettent, elle doit verser une indemnité à la veuve et aux orphelins du sociétaire décédé.

L'*Alliance silencieuse* de Paris a repris le programme de la *Ligue* dissoute en 1895; c'est-à-dire qu'elle a pour but unique d'unifier les banquets multiples qui ont lieu à Paris en l'honneur de l'abbé de l'Epée. Ce but ne sera probablement jamais atteint parce que l'*Association amicale* ne veut pas, et à bon droit, renoncer à son banquet de novembre dont le premier remonte à 1834. Du reste, ce sont précisément ceux qui ont créé la première division parmi les sourds-muets de Paris, qui veulent réaliser le programme de l'*Alliance silencieuse*. Cette prétention est aussi étrange qu'elle est inadmissible par les autres groupes parisiens.

M. Chazal, en ayant fini avec l'énumération des sociétés françaises de sourds-muets, invita M. Henri Genis à venir expliquer les raisons d'être de la *Fédération*. Celui-ci montant à la tribune pour la première fois de la journée, dit :

La *Fédération des sociétés françaises de Sourds-Muets* a été formée à Paris en vue de fortifier toutes les sociétés par une entente générale et afin de multiplier leur puissance en régularisant leurs efforts dans la marche à suivre pour l'amélioration du sort de la famille silencieuse.

Et M. Genis commente assez longuement cet article des statuts de la *Fédération* en assurant que les sociétés adhérentes, à part une cotisation de quinze centimes par membre actif et honoraire, étaient absolument libres de leur conduite.

Un congressiste fit alors observer à M. Genis que les sociétés adhérentes devaient insérer dans leurs statuts un article par lequel elles s'engageaient à se conformer aux décisions de la *Fédération* et que, par cela même, ces sociétés perdaient toute indépendance.

A cette observation, M. Genis répondit que l'on se méprenait sur la portée de l'article imposant l'obéissance aux sociétés adhérentes, que cet article ne visait pas du tout à confisquer l'autonomie des autres associations, qu'il avait seulement pour but d'imposer une règle de conduite générale dans certains cas déterminés et que, du reste, l'article en question n'avait été inséré dans aucun des statuts des groupes affiliés à la *Fédération*.

On demanda encore à M. Genis ce qu'il pensait de l'organisation actuelle de la *Fédération*, organisation reposant tout entière sur le vote des prétendues succursales de la

Société d'appui fraternel. M. Genis répondit que l'intervention de ces succursales étant injustifiée serait écartée et qu'à l'avenir il n'en serait plus question.

Seulement, comme les explications du vice-président de la *Fédération* n'étaient pas corroborées par le procès-verbal de la dernière séance de cette société, ces explications furent jugées insuffisantes. M. Chazal ayant insisté, il s'ensuivit une longue discussion à laquelle prirent part MM. Berthet et Varenne.

Au cours de cette discussion, qui resta courtoise d'un bout à l'autre, la situation des sociétés parisiennes fut exposée en détail devant les membres du Congrès. M. Genis dut convenir que tout n'était pas pour le mieux dans la bonne ville de Paris ; mais il dit en même temps qu'il n'était pour rien dans cette situation, que sa présence au Congrès de Dijon démontrait suffisamment son désir d'arriver à une union générale et qu'à d'autres devait incomber la plus grande part de responsabilité du mal qui avait été fait avant et à propos du Congrès de Dijon. M. Genis avoua, d'ailleurs, qu'il avait été lui-même victime des procédés du directeur du *Journal* pendant les derniers mois qu'il était resté Président de l'*Association Amicale de Paris.*

Alors M. Vanton, Président du Congrès, résuma les débats et l'opinion générale en disant que : si les associations de sourds-muets étaient d'une utilité incontestable et méritaient par conséquent d'être encouragées de toutes les façons, la question de l'adhésion de ces associations à la *Fédération* devait être réservée jusqu'à une nouvelle démonstration plus probante de l'utilité de cette adhésion, que celle fournie par M. Henri Genis ; puis M. Vanton remercie encore une fois tous ceux qui avaient assisté ou pris part aux débats et il déclara le Congrès de Dijon terminé.

Pendant que les congressistes quittaient la salle Flore, M. Chazal s'y isolait afin de compléter ses notes et de rédi-

ger de concert avec MM. Brost, Vuillemey et Berthet un
compte-rendu abrégé pour les journaux de Dijon.

Le soir, après dîner, tous les congressistes se trouvèrent au
café de la Concorde où les rejoignirent de nouveaux arrivants
entr'autres Ramager, de Verdun-sur-Doubs, et Larue, d'Au-
tun.

A un moment donné, un certain nombre d'exemplaires
d'une nouvelle feuille dirigée par Gaillard furent distribués
gratuitement. Les sourds-muets présents furent assez éton-
nés d'une telle générosité mais lorsqu'ils virent de quoi il
retournait, le plus grand nombre d'entr'eux froissa avec dé-
goût le papier de Gaillard-Scagliola et le jeta par-dessus les
arbustes de la terrasse ; d'autres plus pratiques le mirent
dans leur poche en disant que le papier sert toujours à quelque chose, tandis que les plus expéditifs enflammaient des
allumettes et brûlaient la feuille dont il s'agit.

Ainsi finit la journée du 27 août à Dijon. La manœuvre de
Gaillard et consorts contre Berthet, Chazal et Varenne, les
trois délégués de l'*Union Française des Sourds-Muets* au
Congrès de Dijon n'eut d'autre résultat que de nous attirer
de nouvelles sympathies et rendre plus odieux les misérables
folliculaires du *Journal* et du *Pilori* où ils se sont cloués
pour toujours.

DEUXIÈME JOURNÉE

—

A L'ÉGLISE SAINT-BÉNIGNE

———

Si le Congrès de la veille s'était tenu devant une assistance relativement peu considérable, en revanche, le dimanche matin à neuf heures, le café de la Concorde était bondé de sourds-muets venus par tous les trains de la nuit et l'on peut sans exagération estimer à cent cinquante le nombre de ceux qui étaient à Dijon le 28 août 1898.

Le Congrès aurait donc eu un bien plus grand succès s'il avait commencé le dimanche ; mais, pour des raisons particulières, le Comité n'avait pu faire autrement que de l'ouvrir le samedi.

Parmi tous ceux qui se pressaient au café de la Concorde, MM. Varenne et Chazal eurent le plaisir de retrouver deux anciens camarades de l'Institution nationale des sourds-muets, MM. Henri Aubel, de Remiremont, et Lazare-Puzenet, de Bourbon-Lamy. Ils eurent aussi la satisfaction de faire connaissance avec M. l'Abbé Rieffel et de causer un instant avec lui.

Naturellement les incidents antérieurs au Congrès firent presque tous les frais de la conversation. Et comme M. l'abbé Rieffel demandait pourquoi l'entente ne s'était pas faite dans l'intérêt du Congrès nous nous contentâmes de lui communiquer le nouveau journal de M. Gaillard, distribué la veille au soir : cela suffit pour lui démontrer que nous avions tenté même l'impossible pour arriver à un arrangement.

Mais il était temps de partir pour l'église Saint-Bénigne où devait être célébrée la messe d'actions de grâces en l'honneur de l'abbé de l'Epée. Les congressistes devaient s'y rendre processionnellement avec la bannière de la *Société des Sourds-Muets de la Bourgogne* en tête, par malheur le temps était si mauvais qu'il fallut renoncer à ce projet. Quelques commissaires allèrent donc chercher une voiture, la bannière y fut soigneusement placée et transportée ainsi à à l'Eglise où les cent cinquante sourds-muets se rendirent par petits groupes.

Après la messe et la bénédiction de la bannière qui était placée contre un des piliers, à droite du chœur, M. l'abbé Rieffel monta en chaire et mima un sermon tout de circonstance, avec des gestes très clairs et très expressifs, qui prouvent combien le prédicateur connaît notre langue maternelle. Il nous exhorta surtout à nous aimer les uns les autres, à rester toujours unis, car l'union fait la force. Pour mieux nous faire comprendre la nécessité de l'union, M. l'abbé Rieffel termina son sermon en nous narrant, avec force commentaires, *Le vieillard et ses enfants*, la belle fable du bon La Fontaine.

Du reste pendant tout le temps qu'il s'est trouvé en contact avec nous, à Dijon, le célèbre missionnaire des sourds-muets n'a cessé de nous recommander la paix, la concorde et l'union. Nous l'avons déjà dit dans le *Sourd-Muet Illustré* et nous le répétons ici pour montrer combien étaient injustes les reproches adressés à M. l'abbé Rieffel par M. Gaillard et ses amis, à l'occasion du Congrès de Dijon.

Il était bien midi quand nous sortîmes de l'église Saint-Bénigne, l'une des plus anciennes et certainement la plus belle de Dijon. M. Varenne avait apporté son appareil pour nous photographier à notre sortie de l'église, mais le mauvais temps, qui durait encore, rendit la chose impossible et chacun se hâta d'aller déjeûner. M. Jules Henry nous conduisit, avec une vingtaine de camarades, au restaurant de la *Galère* — et pourquoi ne pas le dire — dont l'hôtelier nous servit pour 2 fr. 50 un déjeûner qui faisait paraître bien mesquins certains banquets de Paris.

A une heure, ou plutôt vers deux heures — car l'on s'était un peu oublié à table — tout le monde se retrouva au café de la Concorde pour de là se rendre dans le square de la place Darcy où notre vaillant ami, M. Varenne put enfin exercer ses talents de photographe.

AU MUSÉE

—

Cette fois, la pluie ayant cessé, les congressistes se formèrent en cortège et, bannière en tête, se rendirent au Musée voir la statue de l'abbé de l'Epée.

C'est à M. Boquin que les sourds-muets bourguignons sont redevables de posséder une statue de l'abbé de l'Epée; c'est en effet M. Boquin qui, vers 1880, prit l'initiative d'une souscription pour l'érection, à Dijon, d'un monument à notre père intellectuel.

La statue érigée avec le produit de cette souscription a près de deux mètres de hauteur. Elle est la reproduction exacte de celle que l'on peut voir dans la cour d'honneur de l'Institution Nationale des sourds-muets de Paris. Sur la face principale du piédestal, on lit :

LES SOURDS-MUETS
DE LA
COTE-D'OR
A
L'ABBÉ DE L'ÉPÉE

—

HOMMAGE DE RECONNAISSANCE
1712-1789

—

Inauguration du 26 novembre 1882

Sur les côtés droit et gauche du piédestal sont placées des tablettes divisées en deux parties égales et sur lesquelles sont gravés les noms des souscripteurs que nous sommes heureux de reproduire ci-dessous :

COTÉ DROIT		COTÉ GAUCHE	
Acary.	Dourcoux.	Humbert.	Parize.
Baconnet.	Dufour.	Laurent.	Peutat.
Baumont.	Dumontier.	Laurier.	Porteret.
Boquin.	Dupasquier.	Lecomte.	Pralon.
Burard.	Dupont.	Lyonnet.	Roux.
Burtey.	Gagny.	Martin Félix, ✳	Sambondier.
Changenet.	Garaudet.	Martin Philip.	Taboureau.
Chiffon.	Garnier.	Menard.	Theveniaux.
Chouet.	Generaux.	Monin.	Thordinet.
Cotton.	Gille.	Noble.	Truchot.
Descôte.	Georges.	Pasquier.	Viardot.
Doubay.	Heliot.	Passerotte.	Vulquin.

Devant la statue de leur second créateur — œuvre du statuaire sourd-muet Félix Martin — tous les assistants se découvrirent. Alors M. Vuillemey dit qu'en venant contempler la statue de leur grand bienfaiteur, les sourds-muets présents accomplissaient un pieux pèlerinage et témoignaient ainsi leur reconnaissance envers celui qui leur avait fait comprendre et aimer Dieu.

Après M. Vuillemey, M. Chazal, se croyant l'interprète

des sourds-muets de Paris et de toute la France, félicitait les Bourguignons de la belle et bonne action qu'ils avaient faite en élevant une statue à l'abbé de l'Epée dans la capitale de la Bourgogne.

M. Genis assura, avec beaucoup de bon sens, que le meilleur moyen de se montrer reconnaissant envers l'abbé de l'Epée était de nous réunir tous et d'oublier nos divisions qui devaient beaucoup chagriner le bon et vénérable père des sourds-muets.

M. Berthet répondit que c'était aussi son sentiment, qu'à son retour à Paris il consacrerait tous ses efforts pour réaliser l'union générale tant prônée par M. Genis.

Enfin M. Vanton parla d'une statue de l'abbé de l'Epée dont il était l'auteur, lui ouvrier teinturier, se promettant bien de la faire placer au Musée de Lyon comme celle qu'il était heureux de saluer au nom des sourds-muets lyonnais.

La visite était terminée; chacun de nous en partant adressa un respectueux salut à l'image bénie de l'abbé de l'Epée. Il était bien cinq heures lorsque les congressistes sortirent du Musée.

Profitant d'une bonne heure de liberté avant le banquet, quelques-uns firent une petite promenade en ville, d'autres se préparèrent pour la soirée. Ce fut le cas de M. Varenne qui, avec l'aide de M. Berthet, eut fort à travailler pour aménager les accessoires de la représentation funambulesque dont il devait être le principal acteur.

LE BANQUET

—

Sur les cent cinquante sourds-muets qui étaient réunis, le matin, dans l'église Saint-Bénigne et, dans l'après-midi, devant la statue de l'abbé de l'Epée, une centaine à peu près ont pris part au banquet donné au restaurant Padiolleau à l'occasion du Congrès. Les autres dînaient en famille ou chez des amis. Ce fractionnement obligé fut heureux à certain point de vue, car tout ce monde n'aurait pu trouver place dans la salle du banquet pourtant relativement assez vaste

Pendant que les commissaires MM. Jovin, Gerling et Seguenot, sous la direction de MM. Vuillemey et Brost, procédaient à la distribution des places, les convives attendaient au rez-de-chaussée en devisant joyeusement. Enfin, vers sept heures, Vuillemey et Brost vinrent annoncer que le service était prêt et que les convives pouvaient se mettre à table. Mais tout d'abord il fallait présenter la carte blanche à deux cerbères placés au bas de l'escalier et, au premier étage, deux autres contrôleurs exigeaient la production de la carte d'entrée avant de laisser pénétrer dans la salle du banquet.

On savait que le Comité, en l'absence de M. le Sénateur Piot, avait offert la présidence d'honneur du banquet à M. l'abbé Rieffel qui avait bien voulu l'accepter avec sa bonne grâce habituelle. Aussi, les banquetistes ayant pris leur siège respectif, quel ne fut pas leur étonnement de voir la place d'honneur inoccupée; mais la surprise fut de courte durée car M. Rieffel fit bientôt son entrée dans la salle. Et tandis que tout le monde se levait pour le recevoir, le président du Comité, M. Vuillemey, remettait un fort beau bouquet au vénérable missionnaire des sourds-muets et lui souhaitait la bien venue en ces termes :

MONSIEUR LE PRÉSIDENT D'HONNEUR,

Je suis très heureux de vous souhaiter la bienvenue. Recevez ce bouquet de la part du Comité comme témoignage de notre gratitude pour votre bonté envers les sourds-muets.

Au nom de notre Société, très cher Monsieur, agréez l'assurance de notre profonde reconnaissance.

Les assistants soulignèrent par de vifs applaudissements la petite allocution de M. Vuillemey et les bons remerciements de M. l'abbé Rieffel qui, très ému, gagna la place qui lui avait été réservée à la table d'honneur. A cette même table avaient pris place, M. François Boyer, le sympathique directeur de l'Institut des sourds-muets et aveugles de Dijon; un rédacteur du *Petit Bourguignon*, M. Boquin, président du banquet, Madame Boquin, M. Joseph Berthet, président de l'*Union Française des Sourds-Muets* de Paris, M. Henri Genis, de l'*Association amicale* de Paris, M. Ramager, président de la *Société des Sourds-Muets de la Bourgogne*, M. Henri Vanton, M. J. Chazal, M. Vuillemey, M. Brost, M. A. Varenne, M. Henri Mercier de l'*Association de la Champagne* et la délégation des sourds-muets Anglais. Au nombre des dames dispersées parmi les convives, nous devons citer Madame Jules Henry, de Besançon; Madame et Mademoiselle Ravier; Mademoiselle Audouard, de Moulins; Mademoiselle Julie Montalant, de Meaux; Mesdames Demangeot, Nicole, Larue, Gilles, Deslandes, etc.

Le menu du banquet dessiné par Auguste Colas, le célèbre dessinateur parisien, représentait l'abbé de l'Epée émergeant d'un faisceau de drapeau avec, en exergue: Congrès des sourds-muets de Dijon, 1898, et au bas un superbe portrait de M. le sénateur Piot.

Il est superflu de dire que du potage au dessert, le banquet se passa de la meilleure façon du monde : d'un bout de la salle à l'autre ce n'étaient que gestes pétillants de gaité et échanges de joyeux traits. Ainsi on atteignit le moment des discours toujours très appréciés dans ces réunions.

Alors M. l'abbé Riéffel, président d'honneur du banquet, se leva et, dans une heureuse improvisation, mima le petit discours suivant :

L'abbé de l'Epée avait un grand cœur, il aimait les sourds-muets d'un amour immense ; il s'intéressa d'abord aux sourds-muets de France ; mais, comme son cœur était grand, il embrassait de son amour immense tous les sourds-muets de l'univers ; je vous propose donc de boire à l'union des cœurs des sourds-muets du monde entier.

Ce toast est vigoureusement applaudi par toute l'assistance qui vient presser les mains de l'orateur.

M. Boquin mime à son tour une allocution fréquemment interrompue par les applaudissements des convives, heureux de témoigner ainsi leur inaltérable sympathie à l'orateur, non seulement sourd-muet mais encore atteint de cécité. M. Boquin n'a même pas pu *voir* les conversations de ses amis ; c'est grâce au dévouement incomparable de sa femme qu'il a suivi tous les travaux du Congrès qu'il a résumé dans le discours suivant :

MES CHERS AMIS,

Le Congrès organisé à Dijon par un Comité spécial, pris dans le sein même de la Société des sourds-muets de la Bourgogne, a eu pour modèle, importance à part, celui qui fut institué pour la première fois à Paris en 1889.

Le Comité d'organisation ne possédait que de très modestes ressources, il a fait aussi bien qu'il a pu, et je lui adresse mes plus vifs remerciements,

Cette réunion de sourds-muets de France et de l'Etranger a pour but de traiter les questions qui touchent à leur plus chers intérêts et aussi de resserrer les liens d'amitié, d'union et de concorde qui doivent les unir. J'aime à croire que, sur ce dernier point surtout, le succès ne sera pas douteux.

Par une coïncidence des plus regrettables, nous sommes privés d'avoir au milieu de nous Monsieur le sénateur Piot, notre vénéré président d'honneur, et M. le capitaine Vautrin, notre interprète dévoué, retenus à Montbard, par la cérémonie d'inauguration d'un monument élevé à la mémoire du général Junot, duc d'Abrantès. Ils n'ont pu, bien malgré eux, se soustraire aux obligations qui leur incombent.

Levons nos verres et portons la santé de ces deux vrais amis des sourds-muets.

Je n'oublierai pas non plus M. Vuillemey, président, et les membres du Comité d'organisation. Je leur porte un toast reconnaissant et fraternel et je vous donne à tous, mes chers amis, rendez-vous à Paris, au grand Congrès international de 1900.

L'orateur est vivement félicité par toute l'assemblée qui vient lui serrer les mains avec des sentiments d'une visible émotion et d'une vive sympathie.

M. Vuillemey, président, donne lecture d'un télégramme qu'il a adressé à M. le sénateur Piot. Celui-ci retenu à Montbard pour l'inauguration du monument élevé à la mémoire du général Junot, a vivement regretté de ne pouvoir assister au banquet comme il le fait chaque année.

Sénateur Piot, Montbard.

Nous buvons à votre santé, à votre bonheur, ainsi qu'à celui de MM. Hugot et Vautrin, — pour l'Honneur, pour la Patrie.
Vive la France.

Puis il mime le discours suivant, qui est très applaudi :

Mesdames,

Messieurs,

En mon nom et au nom de tous mes amis de Dijon, je vous remercie de vous être rendus si nombreux à notre invitation. Plusieurs de nos camarades seraient encore venus augmenter de leur présence cette réunion fraternelle si des raisons importantes ne les en avaient empêché. Ce Congrès, j'en ai la conviction, produira un bien, et un bien durable.

C'est dans cet espoir que je bois à votre santé, Mesdames et Messieurs, à celle de M. l'abbé Rieffel, l'aimable et dévoué successeur de l'abbé de l'Epée, et, à MM. les rédacteurs du *Bien Public*, du *Progrès* et du *Petit Bourguignon*.

Je lève mon verre et bois au succès de l'Association des sourds-muets de la France et de l'Etranger qui, unis par les sentiments de respect, de reconnaissance et d'amour, boivent tous à la mémoire de notre père, l'abbé de l'Epée !

Honneur à l'abbé de l'Epée !

Vive l'abbé de l'Epée !

Le représentant du *Petit Bourguignon*, par l'intermédiaire de M. Boyer qui veut bien être son interprète, remercie l'assemblée et son président de leur courtoise invitation et assure, à l'association, le concours le plus large et le plus désintéressé de la presse locale toujours très heureuse de mettre, à la disposition d'une œuvre aussi éminemment utile, toutes les forces dont elle dispose.

M. l'abbé Rieffel, sollicité par M. le révérend Gilby, au nom des délégués anglais, vivement émus des témoignages de sympathie qui leur ont été donnés, mime, en leur nom, le toast suivant :

Monsieur le Président,

Permettez-moi au nom de mes compatriotes de vous dire combien nous sommes heureux de nous trouver parmi vous, et combien nous sommes touchés de votre accueil si cordial.

Le nom de l'abbé de l'Epée nous est au moins aussi connu que celui de « Gallaudet » un autre ami des sourds-muets auteur d'un système de langage mixte qui nous permet d'échanger l'expression de nos sentiments de profonde amitié à votre égard.

Si un jour vous nous faites l'honneur de venir visiter notre pays, soyez assuré que vous y trouverez le plus fraternel et le plus cordial accueil ; je bois à la santé des sourds-muets de la Bourgogne, à la santé de la France.

De vigoureux applaudissements saluèrent le discours du révérend Gilby, puis M. Chazal se leva et s'exprima ainsi :

MESDAMES,

MESSIEURS,

Au nom de vous tous, je remercie le vénérable abbé Rieffel, d'avoir bien voulu accepter la présidence d'honneur de ce magnifique banquet ; je remercie aussi M. Boquin, notre sympathique Président effectif, et je vous demande la permission de féliciter le Comité dijonnais de l'œuvre entreprise par lui depuis de longs mois et dont le banquet est en quelque sorte le couronnement.

Si je loue hautement le Comité dijonnais, ce n'est pas, croyez le bien, parce qu'il m'a désigné comme Secrétaire du Congrès auquel nous avons assisté hier ; non, cent fois non ; c'est parce qu'il a fait preuve d'initiative et d'une indépendance qu'il est bien rare de rencontrer dans notre petit monde, où le plus souvent les sourds-muets se laissent mener par des gens dont le désintéressement est plus que douteux.

Que M. Vuillemey, président du Comité ; que son secrétaire, M. Brost, ainsi que MM. Jovin, Gerling et Séguenot daignent donc agréer, encore une fois, mes félicitations et mes sincères remerciements pour m'avoir maintenu leur confiance, en dépit des viles manœuvres de certains sourds-muets de Paris, qui se disent à tout propos l'élite de la France silencieuse et qui, en cette circonstance, n'ont réussi qu'à montrer l'étroitesse de leurs vues et la bassesse de leur âme.

Certes, quand M. Boquin m'a offert d'être le Secrétaire du Congrès de Dijon, je me serais bien gardé d'accepter son offre spontanée, si j'avais pu prévoir les incidents que soulèverait mon humble personnalité. Mais, parmi vous, y en a-t-il un seul qui pouvait supposer que M. Ernest Dusuzeau refuserait la présidence du Congrès, parceque j'en avait été nommé secrétaire ?

Sans doute, certains articles et dessins de notre journal, le *Sourd-Muet Illustré*, ont pu porter sur les nerfs des admirateurs de M. Henri Gaillard. Ce n'était pourtant pas une raison suffisante pour refuser de prendre part à une manifestation d'intérêt général. D'autant plus que notre journal n'avait jamais rien dit contre le Président actuel de *l'Association*, et que nos articles et dessins répondaient presque toujours à des articles du directeur ou des collaborateurs du *Journal des Sourds-Muets*.

Il est donc permis de penser que M. Dusuzeau a été fort mal inspiré ou plutôt qu'il s'est laissé entraîner trop loin par les intéressés qui voulaient mettre la main sur votre Congrès, comme ils veulent gouverner à leur guise tous les sourds-muets de France.

Vous serez donc en droit de leur demander des comptes lorsque, à leur tour, ils vous convieront à la manifestation qu'ils préparent pour la fin de ce siècle. Car, non contents de refuser tout entente dans l'intérêt de ce Congrès, ils ont, par cela même, tenté de le faire avorter et n'ayant pu y parvenir ils viennent au dernier moment essayer d'y jeter le désordre.

En effet, lorsque M. Alfred Brost, m'instruisit de ce qui se passait, je lui offris ma démission puis, sur sa prière, je consentis à rester à mon poste et à demander une entrevue au Président du Congrès; vous savez comment j'ai été éconduit, vous connaissez aussi la démarche infructueuse de M. Boquin.

Il est donc bien établi qu'ils ont refusé l'entente que nous leur proposions. En agissant ainsi, ils espéraient vous réduire à l'impuissance et vous forcer d'accepter leurs conditions. Vous leur avez résisté, vous leur avez montré que les sourds-muets Bourguignons voulaient rester libres et maîtres chez eux. Encore une fois, je vous en félicite et je vous crie bravo !

Et c'est alors que ces fameux sourds-muets d'élite, un moment déconcertés par votre fière attitude, ont cherché à jeter le désordre au sein de notre Congrès, en adressant à ses membres leur ignoble *Pilori*. Mais cette fois encore leur tentative, aussi maladroite que désespérée, s'est brisée contre votre indifférence et votre mépris. Hier, au soir, vous avez fait à cette feuille *honteuse* l'accueil qu'elle méritait.

C'est très bien, mais il est des cas où il faut savoir surmonter sa répugnance et tout lire pour avoir une idée du degrés d'abjection où peuvent tomber des gens bouffis d'orgueil et exaspérés comme les rédacteurs du *Pilori*. C'est ce que j'ai fait et voici ce qu'ils ont trouvé de mieux à nous dire dès leur premier numéro :

A moi, ils reprochent d'avoir perdu un œil ce qui est à peu près vrai. A un autre sourd-muet de Paris, qui a eu le malheur d'être amputé d'une jambe, son inséparable échasse de bois (*sic*).

Cela suffit, n'est-ce pas, pour vous donner un échantillon de leurs procédés. Loin de nous en plaindre, nous les trouvons au contraire excellents en ce sens qu'ils démontrent mieux que nous ne pourrions jamais le faire *l'infamie* de ces gens-là. Mais, vous demandez-vous, d'où vient ce *Pilori* et son directeur ? Je pourrais vous répondre que le directeur sort des maquis de la Corse. A quoi bon ? C'est un pauvre sire trop ignare pour comprendre ce qu'on lui fait faire ; mettons le donc de côté et contentons-nous de savoir que le *Pilori*, doublure du *Journal des Sourds-Muets*, a les mêmes rédacteurs et qu'il est dirigé par M. Henri Gaillard en personne.

Mais laissons M. Gaillard à son *Pilori* et parlons un peu de nous, voici M. Berthet, président de l'*Union française des Sourds-Muets* et fondateur du *Sourd-Muet Illustré* ; voici M. Varenne, notre spirituel dessinateur et me voici enfin. Nous sommes venus à Dijon avec MM. Agnus et Deslandes; nous devions tout y bouleverser car le *Journal des Sourds-Muets* n'a cessé de nous représenter comme des malandrins et des anarchistes. Eh bien, vous avez pu pendant deux jours comparer notre conduite à la leur et vous vous dites certainement que les vrais perturbateurs sont ceux qui ont voulu jeter le trouble dans une réunion pacifique, parceque vous n'avez pas voulu qu'eux seuls la dirigent.

Arrêtons-nous, quittons Paris et sa géhenne et occupons-nous plutôt du spectacle réconfortant que nous donnons tous au sein de ce banquet fraternel. Ici, comme hier au Congrès, j'en vois un qui n'est pas de nos amis et cependant nous n'avons cessé de marcher côte à côte et de vivre en bonne intelligence. Soyez bien persuadés qu'il en aurait été de même avec tous nos adversaires, s'ils avaient suivi l'exemple donné par M. Genis, et peut-être que le Congrès de Dijon aurait vu la réconciliation générale de tous les sourds-muets de Paris !

A défaut de cette gloire, le Congrès de Dijon brillera dans nos annales, en dépit de tout ce qui a été tenté contre lui, et son vaillant Comité organisateur a sa place marquée dans le Livre d'Or des sourds-muets. Cependant ne nous illusionnons pas trop sur les suites que pourra avoir ce Congrès ; il est plus que probable qu'il n'aura pas plus de résultats que les Congrès de Paris, en 1889, et de Chicago, en 1893, pour ne citer que ceux-là.

Que voulez-vous, si nous pouvons émettre des vœux, faire connaître nos désirs et nos revendications ; c'est aux hommes politiques et aux pouvoirs publics de les réaliser : voilà pourquoi je regrette infiniment l'absence de M. le sénateur Piot. Si nous avions le bonheur de l'avoir au milieu de nous en ce moment même, je lui parlerais de notre situation et comme M. Piot est un grand ami des sourds-muets, peut-être qu'à son retour dans la Haute Assemblée il provoquerait des mesures de nature à perfectionner les procédés de notre enseignement et par suite à améliorer notre sort.

Je vous disais tout à l'heure que le Congrès de Dijon n'aurait peut-être aucun résultat utile, soit ; mais il aura du moins montré que les sourds-muets de la Bourgogne pouvaient rivaliser avec leurs frères de la capitale et ce résultat n'est pas à dédaigner, car dorénavant Paris devra compter avec vous comme il aura de plus en plus à compter avec les autres sourds-muets de province.

Soyez donc fiers de votre œuvre, mais n'oubliez jamais que vous devez en grande partie votre relèvement à M. Alfred Boquin. C'est lui qui, en fondant la *Société des Sourds-Muets de la Bourgogne*, vous a déblayé la route et montré le chemin à suivre ; c'est lui qui aujourd'hui encore vous aide de toutes les manières en restant modestement dans l'ombre. Pensez aussi que votre Président-fondateur est aveugle et que son dévouement en est d'autant plus admirable, et confondez-le dans un même sentiment de reconnaissance avec Madame Boquin, qui le seconde dans toutes les circonstances de la vie.

J'ai fini, Mesdames et Messieurs, et, en m'excusant d'avoir été si long, je vous invite à porter un toast à l'abbé de l'Epée, notre Père intellectuel, à l'abbé Rieffel, son modeste continuateur et à M. François Boyer, à Monsieur et à Madame Boquin, à Messieurs les sénateurs Piot et Hugot ainsi qu'au capitaine Vautrin, votre interprète ; à la prospérité des sourds-muets de la Bourgogne et à l'avenir des sourds-muets de France !

Ce discours ayant été improvisé, le *Petit Bourguignon*, du 30 août, qui a publié un compte-rendu très complet du banquet de Dijon, ne l'a pas reproduit ; et seulement voici comment ce journal a pu l'apprécier.

« M. Chazal, rédacteur au *Sourd-Muet Illustré*, mime à son tour un discours qui est suivi avec une très grande attention par tous les convives qui applaudissent fréquemment. »

M. Boquin remercia alors M. Chazal d'avoir accepté le secrétariat du Congrès et tout en lui sachant gré de ses éloges, il dit qu'il n'avait fait que son devoir en se consacrant au relèvement de ses frères les sourds-muets de la Bourgogne.

M. Berthet parla du but de l'*Union française des Sourds-Muets* et du *Sourd-Muet Illustré*, fondé par lui et M. Varenne, pour être une tribune libre, ouverte à toutes les opinions et l'organe de tous les sourds-muets indépendants de France. Puis M. Berthet termina son allocution en faisant un grand éloge de M. Chazal, le secrétaire-général de l'*Union des Sourds-Muets de Paris*.

M. Henri Vanton, dans un magnifique discours improvisé se fit l'interprète des Lyonnais ; nous regrettons beaucoup de ne pouvoir le publier ici faute de ne pas en avoir reçu le texte. Pour donner une idée du succès obtenu par M. Vanton, disons simplement que lorsqu'il eut terminé, tous les assistants voulurent lui serrer la main.

A son tour, le Président de la Société bourguignonne, avec des gestes aussi accentués que ceux du précédent orateur, M. Ramager énuméra les travaux du Comité dijonnais depuis le jour où il fut décidé qu'un Congrès aurait lieu à Dijon. Il dit que le Comité avait été contraint d'écarter M. Gaillard à cause de sa conduite pendant et après son voyage à Dijon et aussi à cause de l'attitude peu convenable du directeur du *Journal* dans une affaire retentissante. M. Ramager soutint que les sourds-muets Bourguignons, comme tous les autres, avaient le droit absolu de régler leurs affaires à leur guise; il s'éleva vivement contre les prétentions de certains parisiens qui, à propos du Congrès de Dijon, voulaient imposer leurs volontés au Comité dijonnais et félicita vivement le Comité de son énergie. M. Ramager protesta ensuite contre les attaques dont le Comité avait été l'objet dans le *Journal des Sourds-Muets*.

Parlant ensuite du *Pilori*, il dit que cet abominable journal n'était bon qu'à brûler et joignant l'action au geste, M. Ramager enflamma une allumette et mit le feu au *Pilori*, pendant que les assistants transportés d'enthousiasme se levaient tous ensemble et applaudissaient avec frénésie.

Lorsque le calme fut rétabli, M. Henri Mercier, représentant des sourds-muets de la Champagne, porta un toast aux Bourguignons et à l'union générale de tous les sourds-muets.

L'union générale fut aussi la base du discours de M. Henri Genis. Ainsi qu'il l'avait fait au Musée, devant la statue de l'abbé de l'Epée, il prêcha l'oubli et le pardon réciproque pour arriver à l'union; à l'union générale qui ferait tant de plaisir à l'abbé de l'Epée.

M. Henri Genis obtint un bon succès car tout le monde lui savait gré de ses bonnes paroles et nul doute qu'il aurait été plus applaudi encore si ses amis de Paris avaient été là.

Enfin un anglais, le Révérend Franck Hodgkins tint les assistants sous le charme en leur disant avec des gestes har-

monieux et extraordinairement poétiques que Dieu en faisant
les hommes tous semblables avait voulu qu'ils eussent tous
le même cœur pour s'aimer fraternellement sur la terre et
s'aider à gagner le ciel et que cela était encore plus vrai
pour les sourds-muets.

Voyant que les discours étaient épuisés, M. Brost vint
donner lecture de la lettre suivante que M. Gilby lui avait
communiqué trop tard pour être lue au Congrès :

CHER MONSIEUR GILBY,

J'espérais être présent avec nos autres amis à Dijon cette semaine
mais les circonstances sont contre moi. Néanmoins quoique absent
de corps, j'aurai le plaisir d'y être présent de cœur. J'espère que
le Congrès sera agréable et profitable. Les sourds, pour tout l'univers, sont ou doivent être des hommes et des femmes qui aient la
liberté de conserver toutes formes ou méthodes d'éducation qui,
d'après leur propre expérience, ont de la valeur. Il ne faut pas
qu'ils se laissent devenir les dupes de théoriciens incapables, ni
qu'ils abandonnent la moindre de leur prétention à être entendus
sur des matières qui les touchent de si près, eux et leurs plus
jeunes frères et sœurs en affliction.

Je suis avec considération.

A. MACDONALD CUTTELL.

C'était fini. Tous les convives descendirent au rez-de-
chaussée pour fumer les excellents cigares distribués par les
soins du Comité et permettre aux garçons du restaurant
Padiolleau d'enlever les tables de la salle du banquet et d'y
dresser une estrade pour les monomimes de notre ami
M. Varenne.

Au bout d'une vingtaine de minutes tout fut prêt et les
commissaires nous invitèrent à monter. Les contrôleurs toujours à leur poste, nous arrêtèrent impitoyablement pour
laisser passer les dames les premières. On avouera que les
dijonnais sont vraiment galants et que les parisiens gagne-
raient beaucoup à les imiter.

Dans la salle où avait eu lieu le banquet, les convives et ceux qui avaient dîné en ville s'installèrent à leur aise et la représentation commença :

M. Varenne, dans son costume de Pierrot éblouissant de blancheur, joua d'abord l'*Héritage*, un monomime désopilant qui a très souvent diverti les parisiens et qui, ce soir là, fit la joie de tous ceux qui voyaient jouer cette drôlerie pour la première fois.

Puis ce fut *Mes deux Rivales*, monomime figurant trois personnages, d'un sujet un peu risqué pour le milieu où l'on se trouvait. Mais M. Varenne comprit à merveille que ce qui peut être bon à Paris serait certainement trouvé mauvais à Dijon, et il sut glisser adroitement sur certains passages dangereux de façon à ne froisser personne et à dérider tout le monde.

Mais Pierrot s'était tellement démené qu'il était en nage et qu'un entr'acte était absolument nécessaire pour lui permettre de reprendre haleine. Cet entr'acte fut lestement rempli par M. Ramager qui mima avec un brio extraordinaire *Le marchand de bonnets de coton et les singes*.

On connaît l'histoire : Un marchand ambulant éprouve le besoin de faire un somme, il ouvre donc sa boîte, y prend un superbe casque à mèche, s'en coiffe soigneusement et s'endort. C'est alors que les singes entrent en scène : à leur tour ils se coiffent chacun d'un bonnet de coton. Le marchand se réveille et s'aperçoit qu'on lui a *fait* sa marchandise. En vain il cherche de tous côtés la trace du ou des voleurs lorsque, levant la tête, il les voit lui faisant des grimaces, juchés sur tous les arbres d'alentour. Furieux, l'infortuné marchand invective les singes, les menace, mais rien n'y fait. Alors, au comble de la colère et du désespoir, il arrache le bonnet dont il est coiffé et le jette à terre et aussitôt les singes de l'imiter. Ainsi le marchand n'eût qu'à se baisser pour ramasser sa marchandise.

Cette fable, spirituellement mimée, souleva une gaité folle parmi les assistants et si M Varenne n'était pas revenu sur le moment, on aurait certainement bissé M. Ramager.

M. Varenne joua ensuite deux autres monomimes de sa composition, comme les précédents: en premier lieu *Toto chez Tata,* puis *Une Soirée chez Madame la Marquise.* Il est inutile de dire que le succès de notre Pierrot ne fit que grandir jusqu'à la fin de la soirée, tant et si bien que M, Henri Vanton vint trouver M. Varenne et l'invita formellement à venir jouer à Lyon, au mois de novembre suivant. Et Pierrot a dû s'exécuter: le 20 novembre, il a joué d'autres monomimes à Lyon où les sourds-muets lyonnais lui ont fait une véritable ovation.

TROISIÈME JOURNÉE

A L'EXPOSITION

Pour le lundi, dernière journée du Congrès de Dijon, le Comité avait donné rendez-vous à tous les invités pour neuf heures au restaurant Padiolleau ; mais comme on s'était séparé la veille à une heure très avancée de la nuit, beaucoup arrivèrent en retard au rendez-vous et ce fut seulement vers onze heures que nous fîmes notre entrée à l'Exposition Universelle de Dijon.

Cette Exposition due à l'initiative privée était loin de répondre à l'idée que nous nous en étions faite. On n'avait pu, il est vrai, réaliser le projet primitif faute de ressources suffisantes, nous a-t-on dit ; aussi nous croyons que tous ceux qui ont visité cette exposition ont, comme nous, été quelque peu désappointés.

Le plus curieux de l'Exposition de Dijon était sans doute son pittoresque village soudanais et ses habitants nègres : ce village étant situé tout près de l'entrée principale, c'est par lui que nous avons commencé notre visite. Disons que la connaissance fut vite faite avec ces naturels, si bien qu'une très grande familiarité s'établit bientôt entre les bons habitants nègres et les sourds-muets.

A un moment donné même, notre ami Papillon offrit galamment son bras à une superbe négresse et tous les deux firent le tour du pays. L'exemple de ce joyeux compère fut bientôt imité par presque tous les autres et le spectacle devint de plus en plus désopilant, surtout lorsque ce diable de Papillon eut l'idée d'organiser une petite sauterie. L'idée fut trouvée si bonne que bientôt tout le village nègre dansait à jambes que veux-tu avec les graves congressistes. Seul pourtant, M. Genis ne dansait pas, mais il s'amusait ferme. Quant à M. Chazal, il avait perdu ses amis et errait mélancoliquement au milieu d'une galerie encombrée de bocaux et de bouteilles qui semblaient contenir d'excellentes choses.

Le bal franco-soudanais terminé, les congressistes continuèrent la visite de l'Exposition si bien commencée et bientôt MM. Vuillemey, Berthet et Chazal se retrouvèrent au détour d'une galerie consacrée à l'art des tailleurs et des couturières. C'est là qu'on surprit M. Ernest en contemplation devant une vitrine renfermant une superbe robe de mariée. M. Ernest rêvait-il mariage pour lui ou pour un autre ? Quoiqu'il en soit nous lui souhaitons bien volontiers la réalisation de ses rêves.

Notre petit groupe rencontra d'autres sourds-muets par ci par là, et tous ensemble nous continuâmes la visite des galeries de l'Exposition de Dijon. Il convient de dire que si son aspect extérieur n'avait rien de bien attrayant, il n'en était pas de même de l'intérieur des galeries qui toutes avaient été aménagées avec un très grand soin. Cela prouve une fois de plus que l'habit ne fait pas le moine si toutefois ce proverbe peut s'appliquer à une exposition.

Pour les sourds-muets, c'est-à-dire pour nous, la partie la plus intéressante, c'était sans contredit l'exposition particulière de l'Institution des sourds-muets et aveugles de Dijon fondée et dirigée par M. F. Boyer. Les travaux exposés par les élèves des deux sexes de cette remarquable institution étaient absolument au-dessus de la critique.

M. Boyer nous fit d'ailleurs les honneurs de son exposition avec une bonne grâce parfaite. Quand il nous eut tout fait voir, tout expliqué, il tint absolument à nous accompagner pendant le reste de notre visite et il ne nous quitta que pour aller faire déjeûner ses élèves qu'il avait laissés à leurs travaux divers.

M. Boyer parti, MM. Berthet et Chazal s'aperçurent que leurs compagnons n'étaient plus là; ils firent alors une rapide visite au pavillon des beaux-arts où ils remarquèrent les œuvres du peintre sourd-muet Sturla, professeur de dessin à l'école d'Alger, que le jury a récompensé par la suite. Ils quittèrent à leur tour l'exposition; mais comme nos deux parisiens n'étaient guère chez eux à Dijon, ils s'égarèrent quelque peu dans la ville et surtout ils eurent toutes les peines du monde pour découvrir un restaurant.

MM. Berthet et Chazal ne furent du reste pas les seuls qui faillirent se passer de déjeûner ce jour-là, nous l'avons appris plus tard, car, en dehors du centre de la ville, les restaurants ne sont pas nombreux à Dijon ou du moins ils sont si bien dissimulés que les dijonnais seuls peuvent les trouver.

Lorsque nos deux amis eurent satisfait aux exigences de la nature, — car hélas! il faut manger pour vivre, — ils essayèrent de se faire indiquer le chemin de l'Hôtel de ville. Enfin, après bien des détours, MM. Berthet et Chazal, au débouché d'un passage, se trouvèrent subitement dans la rue de la Liberté, à deux pas de l'Hôtel de ville et du café Padiolleau, où ils firent leur entrée aussi fièrement que s'ils venaient de faire le tour du monde.

L'INSTITUT BOYER

—

Nous avons eu l'occasion de parler sommairement de l'Institution des sourds-muets et aveugles fondée en 1890 par M. F. Boyer, nous comptions la visiter en détail; mais le temps nous a manqué. Néanmoins, grâce à quelques documents que l'on a bien voulu nous adresser, nos lecteurs se feront facilement une idée du but et de l'utilité de cet Institut en lisant la circulaire suivante :

INSTITUTION RÉGIONALE

Des Sourds-Muets et des Jeunes Aveugles de Dijon

———

BUT ET ORGANISATION

Les sourds-muets et les aveugles, ces plus grands déshérités de la nature, si souvent fatalement destinés autrefois, les premiers au vagabondage et les seconds à la mendicité, sont aujourd'hui presque partout mis à même de se rendre utiles à la société au lieu de lui être à charge, et cela grâce aux nombreux établissements spéciaux qui se sont fondés en leur faveur depuis quelques années surtout.

L'Institution Régionale de Dijon a pour but l'éducation, l'instruction intellectuelle et professionnelle ainsi que le patronage de ces malheureux des deux sexes de la Côte-d'Or et des départements limitrophes.

L'air de la campagne étant nécessaire à ces enfants souvent d'un tempérament un peu lymphatique et débile, l'Institution, d'abord provisoirement établie, le 1er octobre 1890, route de Plombières, a été transférée à Fontaine-les-Dijon, localité un peu éloignée de la ville (3 kilomètres) et bien connue par sa situation remarquable et sa salubrité.

Les locaux, approuvés par le Conseil départemental dans sa séance du 8 novembre 1890, réunissent toutes les conditions désirables pour le bien-être des élèves; les dortoirs et les classes ont la hauteur règlementaire de 4 mètres. Des cours et du jardin on jouit d'un panorama magnifique, d'une vue très étendue sur la plaine, sur Dijon et tous les environs *.

Des spécialistes diplômés s'occupent de l'instruction des garçons et des dames institutrices, très expérimentées aussi, sont chargées du cours des jeunes filles. Les meilleures méthodes, les procédés les plus perfectionnés sont employés en vue du développement bien gradué, rationnel et harmonique des dispositions et des facultés intellectuelles de ces malheureux infirmes, souvent à peine encore timidement associés à un semblant de vie de relation.

Le régime alimentaire est approprié à la constitution ordinaire de ces enfants et les soins médicaux sont assurés au besoin par un docteur-médecin attaché à l'établissement.

MÉTHODES ET ENSEIGNEMENTS

SOURDS-MUETS

La méthode dite orale pure est la seule suivie et exclusivement.

Elle comprend d'abord l'enseignement de la parole et de la lecture sur les lèvres. A son arrivée à l'école, le jeune sourd-muet reçoit une éducation spéciale ayant pour but de discipliner tous ses organes et de les préparer au langage ; puis à l'aide de systèmes ingénieux et gradués, on lui fait articuler des sons, des syllabes, puis des mots, et enfin de petites phrases tout en l'exerçant à dis-

---

* L'installation de Fontaine-les-Dijon, étant devenue insuffisante, l'Etablissement a été définitivement transféré (le 1er octobre 1894) à Dijon même, rue de l'Ile, 39, 41, 44 et 45, dans un magnifique clos de plus de 15,000m de superficie. Il comprend trois corps de bâtiments entourés de pelouses, de grandes cours ombragées et de vastes jardins.

tinguer et couramment, sur les lèvres de l'interlocuteur, toutes les différentes positions des éléments articulés de la langue française. Il est bientôt ainsi rendu capable de participer à la conversation et à tous les inappréciables avantages que comporte l'usage de la parole : c'est le langage ordinaire des lèvres substitué à la dactylologie et à la mimique de l'illustre abbé de l'Epée, ainsi qu'à la phonodactylologie imaginée plus tard.

L'enseignement classique, outre l'articulation et la lecture sur les lèvres, comprend les matières suivantes : écriture, lecture ordinaire, langue française et éléments de style ; calcul, géographie, histoire de France, quelques notions de droit, de géométrie pratique, de physique, de chimie et d'histoire naturelle ; gymnastique, dessin linéaire et d'ornement, instruction civique, morale et religieuse.

L'enseignement professionnel, de même qu'à l'Institution nationale de Paris, n'est ordinairement donné aux élèves qu'à partir du commencement de leur quatrième année de séjour à l'école. Chaque élève peut faire l'apprentissage de l'une des professions suivantes le plus en rapport avec ses aptitudes personnelles : horticulture, arboriculture, viticulture, couture, cordonnerie, menuiserie, typographie.

Les sourdes-muettes sont exercées aux divers soins du ménage, au tricotage, au repassage, au ravaudage, à la couture mécanique et à l'aiguille, à la broderie et un certain nombre même, d'après leurs aptitudes, au dessin, à l'aquarelle, à la peinture sur porcelaine et sur soie.

AVEUGLES

L'éducation morale et physique des jeunes aveugles est sensiblement la même que celle qui est donnée à tous les autres enfants. La méthode généralement employée aujourd'hui, et que nous suivons pour leur instruction, est l'anaglyptographie, un des systèmes cryptographiques conçu d'abord par l'officier d'artillerie Charles Barbier et perfectionné plus tard par Louis Braille.

Egalement propre aux manuscrits et à l'imprimerie, l'anaglyptographie s'applique à la sténographie, aux mathématiques et à la musique. L'aveugle arrive ainsi, avec sa merveilleuse habileté des doigts, à tracer sa pensée avec autant de rapidité que le clairvoyant par l'écriture ordinaire.

Pour l'enseignement de certaines matières, on se sert d'appareils spéciaux : cartes et globes terrestres en relief pour la géographie, solides pour la géométrie, réductions de monuments, de plantes, d'objets divers, toutes choses qui donnent à l'aveugle des notions exactes sur ce qu'il ne peut voir.

L'Enseignement intellectuel comprend : la lecture et l'écriture en relief d'après le système Braille, l'orthographe, l'étude des objets usuels par la manipulation et les leçons de choses, les éléments des études littéraires, des notions de mathématiques et de sciences naturelles, l'histoire et la géographie générales, la musique vocale et instrumentale, l'instruction civique, morale et religieuse.

L'Enseignement professionnel comprend, pour les garçons, un art et une profession mécanique ; la fileterie, l'empaillage et le canage des chaises, la fabrication des chaussons en tresse et en lisière, la vannerie, la brosserie, le tournage, l'accord et la réparation de pianos.

Pour les filles : la fileterie, les tricots à la main et à la mécanique, la fabrication de chaussons, la broderie et divers ouvrages d'agrément.

CONDITIONS D'ADMISSION

L'âge minimum ordinaire pour l'admission des élèves boursiers sourds-muets et aveugles est de 7 ans et l'âge maximum de 16 ans révolus. Quant aux pensionnaires, ils peuvent être admis dès l'âge de 4 ans, en vue surtout d'une éducation préparatoire spéciale sous le triple rapport physique, moral et intellectuel. Tous les soins particuliers, du reste, que réclame leur état leur sont assurés.

La demande d'admission doit être accompagnée d'un acte de naissance, d'un certificat médical spécifiant les causes de la surdi-mutité ou de la cécité, et que l'enfant n'est atteint d'aucune maladie contagieuse ni d'aucune affection mentale, et enfin qu'il a été vacciné.

La durée moyenne du cours des études est de 7 ans pour les sourds-muets comme pour les aveugles, et les uns et les autres peuvent s'attacher à l'Institution comme ouvriers après leur apprentissage.

Le taux de la pension, bien inférieur à celui des établissements analogues, n'est que de 450 francs pour les enfants indigents entretenus par les communes, les départements ou par des personnes charitables. Il est de 500 francs pour ceux qui ne se trouvent pas dans ce cas. Le Directeur reçoit dans sa famile et à des conditions plus élevées, les élèves dont les parents aisés tiennent absolument à ce qu'ils ne suivent pas le régime commun.

ADMISSIONS EXCEPTIONNELLES

Sont encore admis à l'Institution :

1º Tous les enfants qui n'entendent pas assez ou ne voient pas suffisamment pour suivre avec profit les cours des écoles ordinaires ;

2º Les enfants muets quoique entendant pour leur complète démutisation ;

3º Les enfants demi-sourds en vue de leur complète guérison ou du moins d'une amélioration très notable, obtenue par l'éducation raisonnée de l'ouïe, au moyen d'exercices méthodiques et à l'aide d'un cornet acoustique spécial.

4º Les entendants affectés de bégaiement et de vices les plus divers de prononciation, pour suivre des cours particuliers d'articulation et de correction de langage ;

5º Les personnes frappées de surdité accidentelle plus ou moins complète, pour s'initier à la lecture sur les lèvres, afin de suppléer ainsi, par ce grand palliatif, au sens infidèle qui refuse de les servir ;

6º Les personnes ayant perdu la vue complètement ou l'ayant très faible et qui voudraient se familiariser avec l'anaglyptographie Braille, laquelle est reconnue rendre de grands services en des cas semblables.

TROUSSEAU

Le trousseau et son entretien sont à la charge des familles ; il doit être en bon état et marqué aux initiales de l'élève et à son numéro assigné.

Un petit imprimé mentionnant les diverses pièces dont il doit se composer est envoyé à toute personne intéressée.

Dans certains cas, l'Etablissement se charge de la fourniture du trousseau moyennant la somme de 300 francs pour toute la durée du cours des études.

Le Directeur,

F. BOYER,

Lauréat de la Société des Sciences Médicales.

Cette circulaire est assez explicite pour se passer de commentaires, nous nous bornerons donc à dire qu'en 1893, trois années après sa fondation, l'Institut de Dijon obtenait un diplôme d'honneur à l'exposition d'hygiène et voici comment, à cette occasion, le *Progrès de la Côte-d'Or* s'exprimait sur l'œuvre de M. F. Boyer :

Les Sourds-Muets de Fontaine-les-Dijon

« L'une des choses les plus intéressantes de l'exposition d'hygiène, qui va bientôt fermer ses portes, est, sans contredit, l'exposition des sourds-muets et des jeunes aveugles de Fontaine-les-Dijon ; les séances données par les élèves sont des plus curieuses et elles démontrent que de nos jours on fait entendre les sourds et parler les muets.

« Valentin Haüy et Louis Braille avaient donné aux aveugles une écriture *tangible* ; l'abbé de l'Epée dota les sourds-muets d'une *parole visible*.

« Les moyens de communication les plus usités, à l'origine, avec les sourds-muets étaient : le dessin, l'écriture symbolique (celle-ci rappelant l'ancienne écriture des Egyptiens en ce sens qu'on y visait la représentation des idées plus que celle des mots), l'abbé de l'Epée y joignit les signes méthodiques et l'alphabet manuel ou dactylologie.

« Cette méthode est aujourd'hui presque partout délaissée, et la parole aidée de l'écriture a fini par supplanter tous les autres moyens de communication : dessin, mimique et dactylologie.

« Les sourds-muets parlent ; comment ? Nous allons l'expliquer tout à l'heure. Mais, dira-t-on, parler ne suffit pas, il faut aussi qu'ils entendent où du moins qu'ils comprennent la parole d'autrui ; sans cela leur langage ne doit jamais être qu'un monologue, auquel on ne peut tout au plus répondre que par écrit. L'objection est juste, mais parfaitement réfutable : en même temps qu'on leur apprend à exprimer des sons, on leur apprend aussi à les reconnaître sur la bouche du maître, c'est ce qu'on appelle la lecture labiale ou *lecture sur les lèvres*.

« Il est curieux de suivre à travers les siècles les transformations de la méthode orale, tantôt négligée ou associée à l'emploi des signes, tantôt employée seule ou concurremment avec l'écriture, ou plus rarement avec la lecture sur les livres, et nous regrettons que le défaut de place nous empêche de le faire.

« Un maître ne peut enseigner la parole avec fruit à plus de huit ou dix élèves à la fois ; le moment le plus favorable pour commencer l'instruction du sourd-muet par la méthode orale a été fixé de 7 à 10 ans ; on examine d'abord quelles seront ses aptitudes à l'articulation, si la surdité est complète ou partielle et, à l'aide d'un *spiromètre*, si le poumon est assez développé, autrement dit, si le souffle est assez développé pour suffire à l'émission de la parole.

« Après les exercices du début, où on fait comprendre à l'élève qu'il s'agit de lire au simple mouvement des lèvres, on évoque la voix du sourd-muet, on le fait parler. On commence ordinairement par enseigner quelques voyelles qu'on fait accompagner des consonnes les plus faciles pour former des syllabes assez simples à articuler et au bout de six ou

huit mois en moyenne le jeune sourd-muet possède toutes
ses lettres et peut articuler n'importe quel mot.

« L'écriture ne vient qu'après la lecture sur les lèvres et
la prononciation artificielle. Chaque mot est d'abord lu sur
la bouche du maître, puis prononcé par l'élève, enfin écrit
au tableau. L'écriture n'est donc pour le sourd-muet qu'un
simple dessin graphique, un signe de rappel du mot prononcé. Elle a d'ailleurs l'avantage de lui apprendre l'orthographe dans laquelle il réussit aussi bien que l'entendant-
parlant.

« Pour en revenir à l'intelligence de la langue, les sourds-
muets ne peuvent l'acquérir que lentement, mot à mot pour
ainsi dire. Dès qu'on a fait lire, prononcer et écrire un mot
nouveau, on présente à l'élève l'objet même auquel se rap-
porte ce mot; si l'objet n'est pas sous la main, on a recours
à la représentation en relief et, à son défaut, à l'image des-
sinée. Aussi la création de petits musées scolaires est-elle de
rigueur dans toutes les écoles bien organisées. Quand l'objet
manque absolument dans la collection, le maître doit en
dessiner la forme au tableau.

« En même temps que la parole, les sourds-muets acquièrent les éléments de la grammaire et de l'arithmétique, des
notions d'histoire et de géographie. Ils savent raconter un
fait, développer une pensée verbalement et par écrit. S'ils
ont de la mémoire et s'ils sont intelligents, ils parviennent à
conquérir leur certificat d'études primaires.

« On a inventé une masse d'appareils pour atténuer les
effets de la surdité; il y en a même de fort originaux, mais
tous sont insuffisants et il n'y a qu'un procédé qui soit toujours efficace, toujours suivi de succès, applicable à tous les
âges et à tous les cas, c'est la lecture sur les lèvres.

« Le sourd-muet parvient à la longue à déchiffrer toutes
les prononciations, comme l'on prend l'habitude de déchiffrer
toutes les écritures. Il y en a qui, sous ce rapport, sont de

véritables phonographes, ils répètent mécaniquement tous
les mots que l'on prononce devant eux et les moins intelligents y réussissent souvent le mieux.

« Pour le sourd-parlant, c'est plus facile, et cela se comprend ; aussi on a vu bien des jeunes gens, devenus sourds
vers l'âge de 15 à 18 ans, continuer leurs études après s'être
fait initier à la lecture sur les lèvres et passer brillamment
leurs examents de baccalauréat.

« Malheureusement, cette lecture ne peut être employée
pour les sourds-muets aveugles, et ceux-ci n'ont que deux
moyens de communication avec le monde : la dactylologie
et l'écriture en points.

« Il y a, à l'établissement de Fontaine, un jeune sourd
complètement aveugle, qu'on a pu voir, du reste, à l'exposition d'hygiène ; on lui a appris fort bien à lire et à écrire
le Braille, ainsi qu'à travailler manuellement ; il canne parfaitement les chaises, il fait des filets en tous genres, des
chaussons en tresses et en lisières.

« Du reste, à Fontaine, on apprend aux sourds-muets et
aveugles, à tous, garçons et fillettes, à gagner leur vie par le
travail manuel ; c'est pourquoi cet établissement est des plus
dignes d'intérêt, et son directeur, M. Boyer, ne saurait trop
être encouragé dans la tâche humanitaire qu'il a entreprise. »

La méthode employée à l'établissement de M. Boyer, pour
l'instruction de nos jeunes frères, n'est pas celle que nous ne
cessons de réclamer avec les meilleurs maîtres de notre
enseignement ; néanmoins, tous les sourds-muets sans distinction approuveront les conclusions du rédacteur du *Progrès de la Côte-d'Or*.

Et pour être aussi complet que possible, il ne nous reste
plus qu'à reproduire les principaux passages d'un article paru
dans le *Bien Public*, de Dijon, du lundi 11 juillet 1898, où

après avoir décrit avec une très grande délicatesse de style, l'œuvre de M. Boyer, et exprimé la pitié qu'inspire à tout visiteur une si triste infortune, l'auteur fait un chaleureux appel à la générosité de ses compatriotes en faveur de cette institution.

Aveugles et Sourds-Muets

Rue de l'Ile. — Une visite à l'établissement de M. Boyer.

« Timidement, rue de l'Ile, dans un quartier pauvre, à l'extrémité de Dijon, la maison tant hospitalière se cache comme honteuse de sa vertu. Rien ne fait deviner, à l'extérieur, que ces murs enferment des malheureux. En outre, on voit des enfants joyeux, on entend des rires et des bavardages de jeunes filles ; on approche et l'on croit s'être trompé de porte ; non, tous ces enfants sont aveugles ou sourds-muets, tous sont incurables. Ce n'est pas sans une certaine émotion que l'on s'adresse aux directeurs, M. et Mme Boyer, et qu'on les prie de vouloir bien vous faire visiter l'établissement. Ils le font avec un empressement et une bienveillance qui leur attireraient tout de suite la sympathie si elle ne leur était acquise déjà avant de les avoir vus et s'il ne suffisait pas de connaître tout leur dévouement pour les aimer. Cette œuvre est due, en effet, à leur seule initiative ; sans autre but que de faire le bien, d'adoucir la peine de quelques infortunés, de les aider à vivre, ils ont fondé cette maison, y donnant toute leur existence. Leur noble tâche ne manque d'être parfois pénible, l'éducation des sourds-muets et des aveugles est longue et difficile ; il y faut une patience inaltérable, de la vaillance, de l'énergie ; ils y ajoutent leur bonté. Ils ont pour leurs pensionnaires des soins paternels ; les enfants, qui tous appartiennent à des familles pauvres, grandissent à l'Institution dans une atmosphère de paix et d'affection que souvent ils ne trouveraient pas chez leurs propres parents.

« Une angoisse invincible vous saisit en entrant dans une classe d'aveugles : les yeux éteints donnent à leurs visages une expression de gravité qui étonne chez les enfants et le sourire qui les anime assez fréquemment ne le fait que mieux ressortir. Il semble qu'ils ne sont pas des êtres comme nous, qu'ils vivent d'une vie tout intérieure, plus idéale. On a comme un violent désir de lever ces paupières baissées pour voir l'éclair d'un regard et l'on ne peut se faire à l'idée de l'éternelle nuit dans laquelle ils sont plongés. Leurs paupières ont de légères secousses, de rapides frémissements comme si, parfois, la lumière faisait mal à ces prunelles mortes. On dirait un battement d'ailes et l'on croit entendre le vol silencieux d'âmes qui passent. On n'ose pas traiter ces infirmes comme d'autres enfants et une étrange timidité glace les paroles sur les lèvres ; on se sent petit, humble, vulgaire, devant ces créatures éprouvées, injustement frappées du destin et que leur infirmité rend si respectables. Les sensations, inconnues pour nous, qui sont les leurs, mettent une sorte de barrière entre eux et nous, faible barrière, à peine un léger voile, car ces gens sont nos semblables. Comme nous, ils aiment, pensent et souffrent.

« Alors, pourquoi les négliger, les tenir à distance, ces pauvres êtres qui ont droit à tant de sympathie. Venez à eux, partagez leurs peines et leurs plaisirs ; ils sont des nôtres, puisqu'ils savent, par leur travail, se placer au même rang que nous. Car il suffit, en effet, de visiter une institution d'aveugles, et celle de M. Boyer en particulier, pour juger de ce qu'ils peuvent faire. Devant nous, ils lisent et écrivent d'après le système inventé par Braille. Ils acquièrent une bonne instruction, peuvent passer des examens et l'on a vu des aveugles se faire un nom dans l'art ou les lettres.

M. Boyer interroge ses élèves devant vous sur la grammaire, la géographie, leur fait écrire une dictée et nous ne savons ce qu'il faut admirer le plus de l'élève ou du maître qui a obtenu ce résultat.

« Mais ce n'est pas au seul développement intellectuel des aveugles que se borne M. Boyer. Il sait qu'il est bon pour l'homme de cultiver son intelligence, mais il sait aussi qu'il faut avant tout que l'aveugle vive, et comme tous ces enfants sont pauvres il leur fait apprendre à tous un métier manuel.

« Ses élèves s'occupent de la fabrication des filets, de la brosserie, du cannage et rempaillage des chaises.

« L'atelier est sous la direction d'un chef aveugle, comme tous les professeurs de l'établissement. Il est curieux de voir l'habileté et la promptitude de tous ces ouvriers. L'un tresse un long filet où l'on ne trouve pas un défaut ; d'autres taillent les crins ou le chiendent, coupent, ajustent, attachent les brosses ; d'autres, d'un mouvement rapide, croisent la paille ou le jonc. Autour de la salle sont rangés les objets terminés, balais, brosses de tous genres, tabourets, chaises, et les matériaux nécessaires au travail.

. . . .

« Les petites filles apprennent à tricoter, et pas une, je vous le jure, n'avait l'air attristé lorsque je les ai vues remuer leurs longues aiguilles. On voit qu'elles sont heureuses de se sentir utiles.

« Les aveugles ont, en général, de grandes dispositions pour la musique, et la plupart des élèves de M. Boyer la cultivent. On les destine à être organistes ou accordeurs de pianos ; il est bon pour eux d'avoir plusieurs cordes à leur arc. Aussi apprennent-ils tout ensemble, la musique et un métier manuel. Mlle Schneider, que quelques lecteurs peut-être ont entendu déjà, est chargée de l'enseignement musi-

cal. Je voudrais vous dire l'estime, l'admiration, la sympathie, que son nom seul éveille en moi et doit éveiller en
tous ceux qui la connaissent. Aveugle presque dès sa naissance, elle se promit, dès l'âge de quatorze ans, de consa-
crer sa vie à ses frères d'infortune. Sa grandeur et sa noblesse d'âme égalent son talent de musicienne. Il suffit
d'entendre une fois sa belle voix chaude pour juger de son
excellente méthode. Mlle Schneider est une artiste, dans
tout le sens du mot, trop prodigué à des gens qui ne le mé-
ritent pas.

« Ses élèves lui font honneur. J'en ai entendu quelques-
uns jouer du piano et de l'harmonium ; une fillette blonde,
au doux sourire, a chanté d'une voix limpide une romance
qui m'a rempli les yeux de larmes. Mais ce qui m'a frappé
surtout, ce sont les chœurs. Lorsque Mlle Schneider, à la
prière de Mme Boyer, a bien voulu pour moi réunir tous ses
chanteurs, j'ai été saisi, ému jusqu'au fond de l'âme. Je les
voyais tous devant moi, grands et petits, avec leurs yeux
fermés ou mi-clos, leurs paupières entr'ouvertes laissant voir
un peu de blanc sous les cils ; je voyais leurs doigts agités
de mouvements nerveux, leurs têtes levées comme pour as-
pirer la lumière, et je croyais entendre un chœur d'âmes
prêtes à prendre l'essor ; une invocation à une vie meilleure, une plainte navrante contre ces ténèbres éternelles.
Jamais je n'oublierai l'impression ressentie ; Mlle Schneider
et ses élèves m'ont donné une des jouissances les plus pures
de mon existence.

« L'éducation des sourds-muets n'offre pas de résultats
moins étonnants que celle des aveugles. J'en ai vu, à l'Institution Boyer, qui parlaient distinctement et répondaient
sans hésiter à toutes les questions qu'on leur posait. L'un
d'eux nous récite une fable avec une netteté et une précision
qu'on ne trouve pas toujours chez des enfants possédant
l'usage de l'ouïe.

« C'est une tâche longue et pénible que l'éducation des
sourds-muets. Il faut prendre les infirmes un à un, car tous
ne sont pas du même âge, de même intelligence et n'ont pas
les mêmes aptitudes. Leur éducation exige une attention
constante, il faut non seulement leur enseigner la parole,
mais corriger certains vices de prononciation, leur apprendre à respirer, à articuler, à exercer les cordes vocales. C'est
une éducation physique qui dure longtemps avant que l'on
s'occupe du développement de l'intelligence. Et pourtant, si
rude que soit la tâche, le maître, humble autant que dévoué,
n'en laisse voir que les résultats et l'on ne devine pas les difficultés qu'il a vaincues, la patience et l'effort incessant qu'il
a déployés.

.   .   .   .

« Il est touchant d'apprendre que tous ces infirmes ont
pitié les uns des autres. Les sourds-muets plaignent les
aveugles autant que les aveugles plaignent les sourds-muets.
J'ai pleuré, me disait M{}^{lle} Schneider, la première fois que
j'entendis parler un sourd-muet. Ne sont-ils pas tous également à plaindre, pour nous qui jouissons de tous nos organes ?
Combien sommes-nous coupables de ne pas les secourir ?
Trop souvent nous passons près de la misère sans la regarder,
trop souvent aussi nous confondons la sensiblerie et la sensi-
bilité. Car ce n'est pas être charitable que de larmoyer à
l'aspect d'une infortune ; les phrases banales ne soulagent
pas ; il faut donner plus de soi même, un peu de son âme,
un peu de ses soins, un peu de son argent lorsqu'on ne peut
faire davantage. Il faut voir de près la souffrance, vaincre
ce malaise instinctif qui nous fait reculer à la vue d'une dou-
leur comme si nos sens en étaient offusqués. C'est lâcheté
que de fermer les yeux, sous prétexte d'émotion, il faut les
ouvrir, s'approcher, regarder la plaie et, lorsqu'on a bien vu,
apporter le remède ou du moins le calmant. L'expérience

apprendra à ceux qui ont eu cette lâcheté que c'est le vrai
bonheur que de faire des heureux, et c'est chose si facile.

« Je manque peut-être d'éloquence pour bien vous pein-
dre la grandeur de çette œuvre des sourds-muets et aveugles. Mais allez sonner à cette po 'te brune qu'on ne refuse
jamais d'ouvrir, allez et jugez par   ous-même. Vous revien-
drez émus, troublés d'une sainte pit.   et vous vous sentirez
meilleurs, car c'est le propre des belle : âmes de répandre
sur ceux qui les approchent une sorte de rayonnement. Vous
éprouverez peut-être cette angoisse étrange qui serre le
cœur au récit ou à la vue d'un acte de vertu invraisemblable,
incompréhensible, angoisse faite d'étonnement, de regret et
d'admiration. Allez là-bas, vous ne savez pas tout le bien
que vous vous ferez.

« Ce serait une grande joie pour tous si l'on venait les voir,
les entendre. Apportez-leur donc un peu de votre cœur et,
si vous le pouvez, ouvrez la main et donnez un peu de votre
superflu à ces malheureux. La moindre offrande serait la
bienvenue, car, il faut l'avouer, les besoins dépassent les
ressources dans cet asile toujours ouvert. Jamais on ne refuse
l'entrée à un infirme et chaque jour on en amène de nouveaux. Mais tous sont pauvres, vous ai-je dit ; ils paient une
pension dérisoire, et la plupart même ne paient pas. Les
quelques bourses accordées par la ville sont insuffisantes. On
ne se rend pas compte de ce qu'il faut pour entretenir quatre-
vingt pensionnaires, payer les professeurs et subvenir à tous
les frais. Et devant le nombre croissant des arrivants, la
maison devient trop petite. L'Institution n'existe que depuis
quelques années, et trois fois déjà elle a dû changer de place.
Voilà que les dortoirs sont trop étroits, les classes aussi, il
faudra donc bientôt agrandir encore la maison. Mais le peut-
on sans argent.

« Donnez, donnez bien vite et beaucoup pour les aveugles
et pour les sourds-muets. En cette heureuse saison d'été où

tout est joie, lumière, harmonie, songez un peu à ceux qui vivent dans les ténèbres, dans le silence, à ceux qui souffrent sans se plaindre. Songez aussi à ceux qui leur consacrent tous leurs instants et qui nous donnent un tel exemple de noblesse d'âme et de charité. Songez-y quelquefois. Ceux d'entre vous que le chagrin a frappés l'oublieront un instant devant ces autres infortunes et y trouveront un apaisement, ceux qui ne connaissent que le bonheur apprendront à l'apprécier davantage. Devant la misère et la peine, il n'existe plus aucune division de parti, d'opinion ou de croyance. Il est une loi commune à tous les hommes, à laquelle tous obéissent ou doivent obéir : c'est la loi d'amour et de charité. »

Après ce remarquable article et ce chaleureux appel en faveur de l'Institut des sourds-muets et aveugles de Dijon, tout ce que nous en dirions serait bien superflu d'autant que le Jury de la dernière Exposition a, une fois encore, consacré l'excellence de l'œuvre humanitaire de M. F. Boyer en lui décernant un grand prix, la plus haute récompense dont il disposait.

C'est très bien, le Jury de l'Exposition de Dijon a fait son devoir; nous espérons maintenant que le Gouvernement ne faillira pas au sien et qu'il récompensera un jour tous ceux qui se dévouent aux aveugles et aux sourds-muets, ces grands déshérités de la nature.

CHEZ PADIOLLEAU

Au café Padiolleau, où MM. Berthet et Chazal avaient fait une entrée triomphale, le bureau de la *Société des Sourds-Muets de la Bourgogne* et le *Comité de préparation du Congrès* étaient en séance depuis deux heures.

Les deux amis en profitèrent pour rédiger une assez longue note sur le banquet, note qui fut envoyée au *Petit Bourguignon*.

M. Ramager, au nom de M. Chazal, demanda au Comité s'il désirait faire paraître le compte rendu du Congrès en brochure, ou se contenter d'une analyse publiée dans le *Sourd-Muet Illustré*.

Le Comité décida que le compte rendu du Congrès serait publié en brochure, en outre du résumé que pouvait en donner le journal de M. Berthet.

Ceci réglé, M. Varenne, en possession de son appareil, pria les membres du Bureau de la Société bourguignonne de venir se grouper sur la terrasse du café afin de les photographier, ainsi dit, ainsi fait ; puis ce fut le tour des autres congressistes. M. Berthet, avec la meilleure grâce, a secondé admirablement M. Varenne dans ses opérations photographiques.

Sur ces entrefaites, un nouveau paquet du *Pilori* de M. Gaillard était distribué par les soins de M. Brost. Cette nouvelle tentative de troubler les Dijonnais n'eut pas plus de succès que la première ; seulement M. Ramager, agacé d'une telle insistance, prit un des numéros de cette méchante feuille et, après l'avoir paraphée comme il convenait, la renvoya à l'officine de la rue de la Tombe-Issoire. M. Ramager, avait en outre, acheté pour M. Gaillard une tête de prussien en porcelaine que le grand directeur a du certainement mettre chez lui à la place d'honneur.

Cependant une dépêche parvenue au Comité annonçait l'arrivée d'un retardataire, beaucoup de camarades se rendirent aussitôt à la gare.

L'heure de la séparation approchait. Les trois délégués de l'*Union des Sourds-Muets* de Paris avaient hâte de rentrer à l'hôtel faire leurs préparatifs de départ et gagner ensuite le charmant restaurant de la Galère. Par un oubli fort excusable, le Comité surmené n'avait point prévenu les congressistes que le dîner d'adieu serait donné au restaurant Padiolleau où était réuni une vingtaine de personnes lorsque les délégués de l'Union y entrèrent.

A une table M. et Mme Boquin dînaient en compagnie de MM. Ramager et Henri Genis ; plus loin le retardataire, qui venait d'Ostende, mangeait avec MM. Brost, Mérigot et quelques autres convives.

Les assistants savaient déjà par M. Brost que MM. Berthet et ses deux amis devaient partir pour Paris dans la nuit, ils n'en furent pas moins surpris d'en recevoir la confirmation officielle et essayèrent de les retenir au moins jusqu'au lendemain matin ; mais les délégués parisiens ne purent à leur grand-regret donner cette satisfaction.

Après un échange de bonnes paroles, les convives trinquèrent ensemble se disant adieu ou plutôt au revoir : car tous ceux qui étaient à Dijon les 27, 28 et 29 août, espèrent bien se retrouver à Paris, en 1900, au Congrès ou ailleurs !

La Société des Sourds-Muets de la Bourgogne

APRÈS LE CONGRÈS

Le dimanche 11 décembre, les membres de la *Société des Sourds Muets de la Bourgogne*, réunis en assemblée générale au café Padiolleau, après avoir liquidé le Congrès de Dijon en prononçant la dissolution du *Comité de préparation*, procédaient au renouvellement du bureau de leur société.

M. Ramager a été réélu président, à l'unanimité.

.. M. Vuillemey fut nommé vice-président ; M. Joseph Charton, secrétaire-général et M. Seguenot, trésorier.

A cette occasion M. Ramager s'est exprimé en ces termes :

Messieurs,

Je vous remercie du fond du cœur pour le grand honneur que vous venez de me faire en m'appelant une seconde fois à la présidence. Je ne sais comment vous exprimer toute ma gratitude et j'ose espérer que votre confiance qui m'est si précieuse et qui ne m'a jamais fait défaut jusqu'ici, me donnera la force dont j'ai besoin pour remplir les devoirs qui m'incombent envers nos chers frères d'infortune. (Applaudissements.)

Je suis et resterai toujours le soldat fidèle au drapeau de notre père intellectuel, l'abbé de l'Epée. (Bravos.)

Permettez-moi, chers frères, de vous assurer que toutes les calomnies répandues sur moi n'ont fait que resserrer les liens de fraternité qui m'unissent à vous. (Nouveaux bravos.)

Je méprise et repousse du pied les critiques et les injures (non exemptes peut-être de jalousie, de quelques frères malintentionnés ou trompés. Leurs écrits blâmables n'ont d'autre but et ne sauraient avoir d'autre résultat que de semer la discorde parmi nous. Donc, serrons nos rangs et que notre union plus forte fasse comprendre à ces égarés que leurs efforts échoueront toujours devant notre inaltérable dévouement à la sainte cause des sourds-muets, nos chers frères en l'abbé de l'Epée.

Vive l'Union et la Fraternité ! ! !

Vive l'abbé de l'Epée ! (Triple salve d'applaudissements.)

LISTE

*Des personnes dont la présence a été constatée
à Dijon, les 27, 28 et 29 Août 1898.*

MESDAMES,

Aubouard.
Demangeot.
Gilles.
Larrue.
Nicole.
Pasquier.
Boquin.
Deslandes.
Henry.
Lepine.
Ravier.
Brost.

MESDEMOISELLES,

Aubouard.
Brost,
Chaumard.
Gilles.
Lachèze.
Ravier.
Dupont.
Gerling.
F. Jondot.
J. Montalant.
Thomas.

MESSIEURS.

Arnaud.
Aubel.
Berthet.
Bideaux.
Blesseau.
Boquin.
Bouveret.
Boyer.
Brost, Ant.
Brost, Alfred.
Burdin Auguste.

MESSIEURS,

Burdin, Edouard.
Albert de Buren.
Challandes.
Chambre.
Changenet.
Charton.
Chauvey.
Chazal, Joseph.
Carrey.
Develay, Antoine.
Develay, Auguste.

MESSIEURS,

Dupont, Ch.
Duban, L.
Demangeot.
Drouard.
Depoil, Lazare.
Depoil, J.
Donzelot, Ch.
Demoly.
Deslandes.
Gantois, Al.
Genis, H.

MESSIEURS,	MESSIEURS,	MESSIEURS,
Gelin, L.	Mailley.	Rieffel (abbé).
Gerling.	Manel, Justin.	Ramager.
Gilles, Emile.	Mercier, Henry.	Salzgebert.
Gilles, fils.	Morganti, Henry.	Seguenot.
Goyet.	Mérigot.	Taboureau.
Griolet.	Machin.	Tournier.
Henry, Jules.	Nicole, Jules.	Thierse.
Hours, Louis.	Pasquier.	Thurel.
Hiernard.	Parize.	Vallier, Edmond.
Jovin.	Puzenat.	Vallier, Louis.
Larue, L.	Perrin.	Vanton.
Laporte.	Pallais.	Varenne.
Léger.	Riquet.	Vuillemey.
Lépine.	Ravier.	Vachon.
Laurent, Simon.	Ravet.	

Enfin les membres de la délégation Anglaise composé de Messieurs F. W. G. Gilby ; William, Gilby père ; Frank Hodgkins ; Laurie ; Sounes ; Horsley ; Doncaster et de Mesdemoiselles Mary-Eliza Purduc ; Harrielt ; Silver ; Darter.

Cette liste est fort incomplète, le Comité n'a pu en effet que prendre les noms de ceux qui assistaient au Congrès et au banquet, pour les autres, on comprendra que c'était matériellement impossible.

Compte Rendu Financier

RECETTES :

Subvention de la *Société des Sourds-Muets de la Bourgogne*............................. 80 »

Subvention du Conseil municipal de Dijon............, 200 »

Souscriptions recueillies par :

1° M. Brost.............................. 18 50

2° M. Seguenot.......................... 20 »

3° M. Gerling.......................... 19 »

4° M. Jovin.............................. 11 50   69 »

Don anonyme.................................... 10 »

Don du Comité Dijonnais........................ 4 »

Produit d'une collecte faite par le Président du Comité............................. 10 25

BALANCE.... 373 25

Il n'y a pas lieu de faire figurer aux recettes un emprunt de 120 fr. puisqu'il faudrait aussi le faire figurer aux dépenses et que le résultat serait le même.

du Congrès de Dijon

DÉPENSES :

Payé à l'administrateur du journal le *Bien Public* pour circulaires avec bandes et prix de journaux.................... .... 17 »

Achat de papier à lettres, cartes postales, télégrammes et correspondances avec les grandes Compagnies de chemins de fer............ 43 75

Payé à M. Auguste Colas, prix d'une gravure intitulée : « Derniers moments de l'Abbé de l'Épée » pour offrir au Musée de Dijon....... 43 25

Payé à M. Chazal, frais de voyage............. 25 »

Récompenses à MM. Vuillemey et Brost .. .. 40 »

Payé au restaurant Padiolleau pour les invités ... 36 »

Payé pour frais divers...................... 3 »

Achat d'un bouquet.................. .....· ... ... 5 »

Gratification aux garçons de service... . ... 10 »

Prix du cadeau envoyé à M. Varenne........... 10 »

Reliquat disponible pour payer les fais d'impression du compte rendu du Congrès... ...... 140 25

(Le prix de 500 exemplaires, d'après une lettre de M. Chazal, est évalué à 300 fr.)

BALANCE. 373 25

UN DERNIER MOT

—

Certains passages de ce compte rendu soulèveront des récriminations parmi ceux qui ont tout tenté contre le Congrès de Dijon. Mais en cette circonstance comme dans toutes les autres, je n'ai fait que relater simplement les faits tels qu'ils se sont passés.

Si ces faits ne sont pas à l'honneur de quelques personnalités de notre petit monde, à qui la faute ?

Sans doute, rien n'aurait été plus facile que de glisser sur toutes ces misères ; mais alors il aurait fallu farder la vérité et ce n'est pas dans mes habitudes.

Puis, pourquoi aurais-je passé sous silence ces hauts faits ou plutôt ces basses manœuvres puisque leurs auteurs s'en sont fait gloire dans leur journaux avant et après le Congrès ?

Si l'étalage de nos divisions est fâcheux pour nous tous, j'en laisse la responsabilité à ceux qui se prétendent les champions désintéressés des sourds-muets de France alors qu'ils ont démontré le contraire à l'occasion de ce Congrès.

Pour moi, je n'ai pas d'autres préoccupations que de faire mon devoir en tout et partout. Et, croyant l'avoir rempli vis-à-vis des congressistes, il ne me reste plus qu'à remercier le *Comité de préparation* de m'avoir désigné comme secrétaire-général du Congrès et de m'avoir maintenu malgré les plus vives oppositions, à ce poste que je n'avais pas sollicité.

Je ne l'oublierai jamais et, quoiqu'il arrive, j'appartiens pour toujours aux sourds-muets de la Bourgogne.

Le Secrétaire-Général du Congrès

J. CHAZAL.

Paris, le 30 décembre 1898.

TABLE DES MATIÈRES

AGEN — Imprimerie et Lithographie Agenaises, rue Voltaire, 45

www.ingramcontent.com/pod-product-compliance
Lightning Source LLC
Chambersburg PA
CBHW070853280326
41934CB00008B/1427